E buki aki ta di:

_____

*Dios,
ku ta nos fuente di speransa,
yena boso ku goso i pas pa motibu di boso fe,
ya asina boso speransa por bona pa
medio di poder di Spiritu Santu.*

Romanonan 15:13

Sintá na Pia di Hesus
Devoshonal
6 Stap pa Lesa Beibel
Copyright
Saved to Serve International Ministry
Ilustrashon: Ashlee Lomp, Jo-Hanna Kraal, Luisette Kraal
www.luisettekraal.com
Pa Pregunta: saved.serve@gmail.com

Ku un alegria grandi den mi kurason mi ta presentá bo e buki aki. Mi kier animá abo, mi ruman, siguidó di Kristu i kompañero den fe pa lesa e Palabra di Dios.

David a bisa den Salmo 119: 105 "Bo Palabra ta un lampi pa mi pia i un lus riba mi kaminda." Dios su Palabra ta lus. Lus ku ta duna klaridat. Bo por mira i komprondé unda bo ta bai i kiko bo ta hasi. Lus ta mustra bo tambe e opstákulonan ku tin den bida i asina bo ta evitá di trompeká i kai.

Mi ta kòrda dia mi a kuminsá lesa e Palabra mi konosementu di kosnan di bida a bira kla. Mi a bira mas sabí i komprondé kon e mundu ta funshoná kontrali di Dios su Palabra.

Lesamentu di e Palabra a yuda mi haña mas konosementu di Dios i sabi ken Dios ta. Mi a mira i rekonosé mi pikánan dor di lesa e Palabra. Mi bida a kambia dor di lesa i biba e Palabra.

Mi ta kere ku nos kada un tin un testimonio kiko e Palabra di Dios ta nifiká pa nos bida.

Asina aki mi ke reta bo pa huntu nos dediká nos mes na lesa Dios su Palabra.

"Pasobra palabra di Dios ta bibu i poderoso. E ta kòrta mas skèrpi ku un spada ku ta kòrta tur dos banda. E ta penetrá te na e punta kaminda alma i spiritu, manteka di wesu i wesu ta mishi ku otro. E ta analisá deseo i pensamentu di hende. 13Pa Dios niun kriatura no ta skondí. Dios ta mira tur kos manera nan ta den realidat. T'E nos mester duna kuenta." (Hebreo 4: 12)

Yozue 1:8

E buki di lei aki lo no apartá for di bo boka, ma bo mester meditá den djé di dia i anochi, pa bo pèrkurá di hasi konforme tur loke ta pará skirbí den djé; pasobra e ora ei lo bo hasi bo kaminda prosperá,

i e ora ei lo bo tin éksito.

Dios ta Omni Presente

Algun Rason pa enkurashá hende lesa Beibel

- Pa krese fe! Romanonan 10:17
- Pasobra e Palabra di Dios ta bibu i poderoso. Hebreonan 4:12
- Pasobra e Palabra di Dios ta mihó ku kuminda. Job 23:12
- Pasobra e ta yuda hende skohe pa biba santu i no peka. Salmo 119:11
- Pasobra e ta mustra e bon i e malu. 2 Timoteo 3:16,17
- Pasobra Dios a bisa pa hasi esei. Yozue 1:8

Lesa Beibel... Tur Dia!

Algun Idea Simpel

1. Mi ta lanta 15 minüt mas trempan i lesa un kapítulo di Beibel.
2. Mi por trein mi mes pa lesa e Beibel promé ku mi wak TV.
3. Mi por usa mi telefon òf tablèt pa skucha un kapítulo di Beibel tur dia. (Purba les'é mientras ku bo ta skucha.)
4. Mi por lesa mi Beibel promé òf despues di un kuminda.
5. Mi por lesa mi Beibel promé ku mi bai drumi anochi.

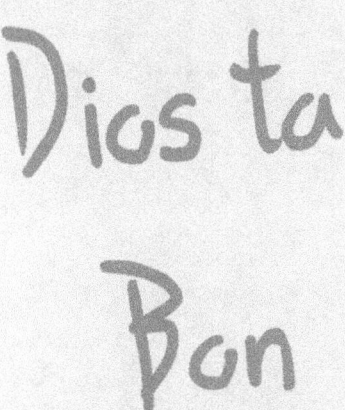

Kon pa usa e deboshonal aki?

Bo por kuminsá kaminda bo ta. No hansha.
Bo por lesa un kapítulo pa dia.
Bo por parti un kapítulo den dos i lesa mitar kapítulo pa dia.
Bo por sigui mi ehèmpel. Mi ta lesa te na momentu ku algu realmente yama mi atenshon. Esaki ta Un momentu di Wow. Òf un momentu di AHA. E ora ei mi ta para ketu i kontemplá esaki.

Mi ta hasi notashon den mi Deboshonal i plania pa kambia mi bida pa e pas ku e lokual ku mi a lesa e dia ei.
No tin ningun regla spesial kon mester lesa Beibel. Djis kuminsá i wak kon e Spiritu Santu ta yuda bo krese.

Lo mi hasi orashon pa bo.
Chèk mi riba Facebook. Y manda bo preguntanan.

Ta difísil pa sa kiko bo tin ku lesa?

Si bo no sa unda pa kuminsá, tuma e desishon pa kuminsá den kualkier buki di e Tèstamènt Nobo. Simplemente sigui lesa e buki aki, un kapítulo òf mas pa dia te ora ku bo kaba ku esei i sigui ku un otro.

Dios ta Todo Poderoso

Nota kada buki ku bo a kaba.
E lista aki tambe ta ideal pa memorisá e órden di e Bukinan di Beibel!
Dikon no organisá un kompetensia na bo kas? Ban p'e!

Nòmber di e Buki di Beibel	Kapítulonan di kada buki	Mi a hasié !
Buki di Mateo	28	
Buki di Marko	16	
Buki di Lukas	24	
Buki di Huan	21	
Buki di Echonan	28	
Buki di Romanonan	16	
Buki di 1 Korintionan	16	
Buki di 2 Korintionan	13	
Buki di Galationan	6	
Buki di Efesionan	6	
Buki di Filipensenan	4	
Buki di Kolosensenan	4	
Buki di 1 Tesalonisensenan	5	
Buki di 2 Tesalonisensenan	3	
Buki di 1 Timoteo	6	
Buki di 2 Timoteo	4	
Buki di Tito	3	
Buki di Filemon	1	
Buki di Hebreonan	13	
Buki di Santiago	5	
Buki di 1 Pedro	5	
Buki di 2 Pedro	3	
Buki di 1 Huan	5	
Buki di 2 Huan	1	
Buki di 3 Huan	1	
Buki di Hudas	1	
Buki di Revelashon	22	

Skohe un buki di Beibel i lesa diariamente un kapítulo te ora ku bo kaba di lesa henter e buki. Despues skohe un otro buki.

*E lesamentu di e palabra di
Dios mester bira un kos dushi pa hasi.
E mester ta e momentu ku bo ta pasa
tempu ku Dios Todopoderoso
i skuchando direktamente for
di Dios den Su Palabra.*

Dios ta Omni Presente

Un deboshon di 6 stap pa lesa Beibel

E Teksto di Beibel	Nota e teksto di Beibel ku bo a lesa.
Un Aspekto Nobo	Skirbi algo nobo ku bo a lesa den Beibel awé. E por ta un versíkulo ku nunka bo a yega di lesa, òf un palabra ku a kapta bo atenshon
E Sorpresa "WOW"	Kiko a impaktá bo mas tantu awé? Kiko a impreshoná bo mas tantu? "Berdat?" mi no tabata sa!!
E Atributonan di Dios	Ken Dios ta bisa ku E ta? Identifiká atributonan di Dios Su karakter. Skirbi e kualidatnan di Dios ku E ta mustra nos den e teksto aki. Pensa riba ken Dios ta; Dios Su amor i identidat.
Kiko Awor?	Awor puntra bo mes "Kiko awor? Si ta asina Beibel ta bisa, kiko mi ta bai hasi diferente? Kon e Palabra ta bai moldia mi bida? Kiko tin ku kambia? Repasá bo preguntanan di 2 te 4 i skirbi kon e teksto aki por kambia bo pa krese mas serka di Kristu Hesus.
Orashon	Ta tempu pa hasi orashon. Pidi Dios yuda bo, skirbi un orashon.

Kon pa usa e deboshonal aki?

Skohe un buki di Beibel.

⬇

Lesa un kapítulo pa dia.

⬇

Hasi notashon den bo Deboshonal. Sigui tur 6 stap. No salta un.

⬇

Pensa kiko bo a siña ku bo mester kambia.

⬇

Hasi orashon pa Dios kambia bo bida.

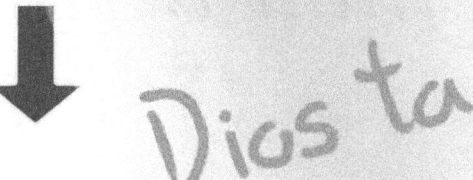

Lo mi hasi orashon pa bo. Chèk mi riba Facebook. Y manda bo preguntanan.

Ban wak awor… Kon bo ta Lesa Beibel?

Bo ta lesa Beibel ku orashon, pidiendo Dios pa yuda bo komprondé.

Dios ta MiseriKordioso

Dikon?

Tal bes ta tempu pa bo siña konfia Dios mas i pa krese komo un Kristian.

Tal bes bo tin preguntanan tokante bida i bo ta spera di haña nan den Beibel.

Tal bes bo kier haña fe i no sa unda pa kuminsá.

Tal bes tur hende ta bisa bo pa bo lesa e Beibel i bo no sa kon pa hasi esaki.

Pues e Deboshonal akí ta un gran komienso pa bo!

Ban P'é!

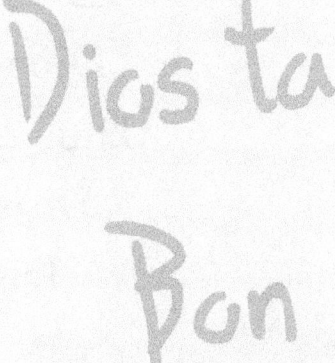

Algun Atributonan di Dios

Dios ta un Persona
Dios ta Spiritu
Dios ta Inkambiabel
Dios ta Eternal
Dios ta Todo Poderoso
Dios ta Omni Presente
Dios ta Sabí
Dios ta Soberano
Dios ta Santu
Dios ta Fiel
Dios ta Berdat
Dios ta Amor
Dios ta Miserikordioso
Dios tin Grasia
Dios ta Bon
Dios ta Infinito
Dios di Milager
Dios ta Magnífiko
Dios ta Berdat
Dios di Pas

Ku Dios tur kos ta posibel

1. E Teksto di Beibel
Nota e teksto di Beibel ku bo a lesa.

Fecha:_____

2. Un Aspekto Nobo
Skirbi algo nobo ku bo a lesa den Beibel awé. E por ta un versíkulo ku nunka bo a yega di lesa, òf un palabra ku a kapta bo atenshon

3. E Sorpresa "WOW"
Kiko a impaktá bo mas tantu awé? Kiko a impreshoná bo mas tantu? "Berdat?" mi no tabata sa!!

4. E Atributonan di Dios

Ken Dios ta bisa ku E ta? Identifiká atributonan di Dios Su karakter.

Skirbi e kualidatnan di Dios ku E ta mustra nos den e teksto aki. Pensa riba ken Dios ta; Dios Su amor i identidat.

5. Kiko Awor?

Awor puntra bo mes "Kiko awor? Si ta asina Beibel ta bisa, kiko mi ta bai hasi diferente? Kon e Palabra ta bai moldia mi bida? Kiko tin ku kambia? Repasá bo preguntanan di 2 te 4 i skirbi kon e teksto aki por kambia bo pa krese mas serka di Kristu Hesus.

6. Orashon

Ta tempu pa hasi orashon. Pidi Dios yuda bo, skirbi un orashon.

Dios ta Todo Poderoso

1. E Teksto di Beibel
Nota e teksto di Beibel ku bo a lesa.

Fecha:_____

2. Un Aspekto Nobo
Skirbi algo nobo ku bo a lesa den Beibel awé. E por ta un versíkulo ku nunka bo a yega di lesa, òf un palabra ku a kapta bo atenshon

3. E Sorpresa "WOW"
Kiko a impaktá bo mas tantu awé? Kiko a impreshoná bo mas tantu? "Berdat?" mi no tabata sa!!

4. E Atributonan di Dios

Ken Dios ta bisa ku E ta? Identifiká atributonan di Dios Su karakter.
Skirbi e kualidatnan di Dios ku E ta mustra nos den e teksto aki. Pensa riba ken Dios ta; Dios Su amor i identidat.

5. Kiko Awor?

Awor puntra bo mes "Kiko awor? Si ta asina Beibel ta bisa, kiko mi ta bai hasi diferente? Kon e Palabra ta bai moldia mi bida? Kiko tin ku kambia? Repasá bo preguntanan di 2 te 4 i skirbi kon e teksto aki por kambia bo pa krese mas serka di Kristu Hesus.

6. Orashon

Ta tempu pa hasi orashon. Pidi Dios yuda bo, skirbi un orashon.

1. E Teksto di Beibel
Nota e teksto di Beibel ku bo a lesa.

Fecha:_____

2. Un Aspekto Nobo
Skirbi algo nobo ku bo a lesa den Beibel awé. E por ta un versíkulo ku nunka bo a yega di lesa, òf un palabra ku a kapta bo atenshon

3. E Sorpresa "WOW"
Kiko a impaktá bo mas tantu awé? Kiko a impreshoná bo mas tantu? "Berdat?" mi no tabata sa!!

4. E Atributonan di Dios

Ken Dios ta bisa ku E ta? Identifiká atributonan di Dios Su karakter.
Skirbi e kualidatnan di Dios ku E ta mustra nos den e teksto aki. Pensa riba ken Dios ta; Dios Su amor i identidat.

5. Kiko Awor?

Awor puntra bo mes "Kiko awor? Si ta asina Beibel ta bisa, kiko mi ta bai hasi diferente? Kon e Palabra ta bai moldia mi bida? Kiko tin ku kambia? Repasá bo preguntanan di 2 te 4 i skirbi kon e teksto aki por kambia bo pa krese mas serka di Kristu Hesus.

6. Orashon

Ta tempu pa hasi orashon. Pidi Dios yuda bo, skirbi un orashon.

Dios ta
Soberano

1. E Teksto di Beibel
Nota e teksto di Beibel ku bo a lesa.

Fecha:_____

2. Un Aspekto Nobo
Skirbi algo nobo ku bo a lesa den Beibel awé. E por ta un versíkulo ku nunka bo a yega di lesa, òf un palabra ku a kapta bo atenshon

3. E Sorpresa "WOW"
Kiko a impaktá bo mas tantu awé? Kiko a impreshoná bo mas tantu? "Berdat?" mi no tabata sa!!

4. E Atributonan di Dios

Ken Dios ta bisa ku E ta? Identifiká atributonan di Dios Su karakter.
Skirbi e kualidatnan di Dios ku E ta mustra nos den e teksto aki. Pensa riba ken Dios ta; Dios Su amor i identidat.

5. Kiko Awor?

Awor puntra bo mes "Kiko awor? Si ta asina Beibel ta bisa, kiko mi ta bai hasi diferente? Kon e Palabra ta bai moldia mi bida? Kiko tin ku kambia? Repasá bo preguntanan di 2 te 4 i skirbi kon e teksto aki por kambia bo pa krese mas serka di Kristu Hesus.

6. Orashon

Ta tempu pa hasi orashon. Pidi Dios yuda bo, skirbi un orashon.

Dios ta Omni Presente

1. E Teksto di Beibel
Nota e teksto di Beibel ku bo a lesa.

Fecha:_____

2. Un Aspekto Nobo
Skirbi algo nobo ku bo a lesa den Beibel awé. E por ta un versíkulo ku nunka bo a yega di lesa, òf un palabra ku a kapta bo atenshon

3. E Sorpresa "WOW"
Kiko a impaktá bo mas tantu awé? Kiko a impreshoná bo mas tantu? "Berdat?" mi no tabata sa!!

4. E Atributonan di Dios

Ken Dios ta bisa ku E ta? Identifiká atributonan di Dios Su karakter.
Skirbi e kualidatnan di Dios ku E ta mustra nos den e teksto aki. Pensa riba ken Dios ta; Dios Su amor i identidat.

5. Kiko Awor?

Awor puntra bo mes "Kiko awor? Si ta asina Beibel ta bisa, kiko mi ta bai hasi diferente? Kon e Palabra ta bai moldia mi bida? Kiko tin ku kambia? Repasá bo preguntanan di 2 te 4 i skirbi kon e teksto aki por kambia bo pa krese mas serka di Kristu Hesus.

Dios ta Miserikordioso

6. Orashon

Ta tempu pa hasi orashon. Pidi Dios yuda bo, skirbi un orashon.

1. E Teksto di Beibel
Nota e teksto di Beibel ku bo a lesa.

Fecha:_____

2. Un Aspekto Nobo
Skirbi algo nobo ku bo a lesa den Beibel awé. E por ta un versíkulo ku nunka bo a yega di lesa, òf un palabra ku a kapta bo atenshon

3. E Sorpresa "WOW"
Kiko a impaktá bo mas tantu awé? Kiko a impreshoná bo mas tantu? "Berdat?" mi no tabata sa!!

4. E Atributonan di Dios

Ken Dios ta bisa ku E ta? Identifiká atributonan di Dios Su karakter.

Skirbi e kualidatnan di Dios ku E ta mustra nos den e teksto aki. Pensa riba ken Dios ta; Dios Su amor i identidat.

5. Kiko Awor?

Awor puntra bo mes "Kiko awor? Si ta asina Beibel ta bisa, kiko mi ta bai hasi diferente? Kon e Palabra ta bai moldia mi bida? Kiko tin ku kambia? Repasá bo preguntanan di 2 te 4 i skirbi kon e teksto aki por kambia bo pa krese mas serka di Kristu Hesus.

6. Orashon

Ta tempu pa hasi orashon. Pidi Dios yuda bo, skirbi un orashon.

1. E Teksto di Beibel
Nota e teksto di Beibel ku bo a lesa.

2. Un Aspekto Nobo
Skirbi algo nobo ku bo a lesa den Beibel awé. E por ta un versíkulo ku nunka bo a yega di lesa, òf un palabra ku a kapta bo atenshon

3. E Sorpresa "WOW"
Kiko a impaktá bo mas tantu awé? Kiko a impreshoná bo mas tantu? "Berdat?" mi no tabata sa!!

4. E Atributonan di Dios

Ken Dios ta bisa ku E ta? Identifiká atributonan di Dios Su karakter.
Skirbi e kualidatnan di Dios ku E ta mustra nos den e teksto aki. Pensa riba ken Dios ta; Dios Su amor i identidat.

5. Kiko Awor?

Awor puntra bo mes "Kiko awor? Si ta asina Beibel ta bisa, kiko mi ta bai hasi diferente? Kon e Palabra ta bai moldia mi bida? Kiko tin ku kambia? Repasá bo preguntanan di 2 te 4 i skirbi kon e teksto aki por kambia bo pa krese mas serka di Kristu Hesus.

6. Orashon

Ta tempu pa hasi orashon. Pidi Dios yuda bo, skirbi un orashon.

Dios ta Omni
Presente

Orashon

*Ata aki algun versíkulo di Beibel pa bo studia i memorisá.
Nan ta bisa bo dikon bo mester lesa e Beibel.*

Romanonan 10:17
Asina ta ku fe ta bini for di tendementu, i tendementu pa medio di e palabra di Kristu.

Hebreonan 4:12
Pasobra e palabra di Dios ta bibu i aktivo i mas skèrpi ku kualkier spada di dos filo, i ta penetrá te na divishon di alma i spiritu, i di skarnir i tuti, i ta kapas pa huzga e pensamentunan i intenshonnan di kurason.

Job 23:12
Mi no a bandoná e mandamentu di Su lepnan; mi a stima e palabranan di Su boka mas ku mi porshon di kuminda di tur dia.

Salmo 119:11
Bo palabra mi a skonde den mi kurason, pa mi no peka kontra Bo.

2 Timoteo 3:16,17
Tur Skritura ta inspirá pa Dios i ta útil pa siñansa, pa reprendementu, pa korekshon, pa eduká den hustisia, pa e hende di Dios por ta perfekto, ekipá pa tur bon obra.

1. E Teksto di Beibel
Nota e teksto di Beibel ku bo a lesa.

Fecha:_____

2. Un Aspekto Nobo
Skirbi algo nobo ku bo a lesa den Beibel awé. E por ta un versíkulo ku nunka bo a yega di lesa, òf un palabra ku a kapta bo atenshon

3. E Sorpresa "WOW"
Kiko a impaktá bo mas tantu awé? Kiko a impreshoná bo mas tantu? "Berdat?" mi no tabata sa!!

4. E Atributonan di Dios

Ken Dios ta bisa ku E ta? Identifiká atributonan di Dios Su karakter.

Skirbi e kualidatnan di Dios ku E ta mustra nos den e teksto aki. Pensa riba ken Dios ta; Dios Su amor i identidat.

5. Kiko Awor?

Awor puntra bo mes "Kiko awor? Si ta asina Beibel ta bisa, kiko mi ta bai hasi diferente? Kon e Palabra ta bai moldia mi bida? Kiko tin ku kambia? Repasá bo preguntanan di 2 te 4 i skirbi kon e teksto aki por kambia bo pa krese mas serka di Kristu Hesus.

6. Orashon

Ta tempu pa hasi orashon. Pidi Dios yuda bo, skirbi un orashon.

Dios ta Todo Poderoso

1. E Teksto di Beibel
   Nota e teksto di Beibel ku bo a lesa.

Fecha:_____

2. Un Aspekto Nobo
   Skirbi algo nobo ku bo a lesa den Beibel awé. E por ta un versíkulo ku nunka bo a yega di lesa, òf un palabra ku a kapta bo atenshon

3. E Sorpresa "WOW"
   Kiko a impaktá bo mas tantu awé? Kiko a impreshoná bo mas tantu? "Berdat?" mi no tabata sa!!

4. E Atributonan di Dios

Ken Dios ta bisa ku E ta? Identifiká atributonan di Dios Su karakter.
Skirbi e kualidatnan di Dios ku E ta mustra nos den e teksto aki. Pensa riba ken Dios ta; Dios Su amor i identidat.

5. Kiko Awor?

Awor puntra bo mes "Kiko awor? Si ta asina Beibel ta bisa, kiko mi ta bai hasi diferente? Kon e Palabra ta bai moldia mi bida? Kiko tin ku kambia? Repasá bo preguntanan di 2 te 4 i skirbi kon e teksto aki por kambia bo pa krese mas serka di Kristu Hesus.

6. Orashon

Ta tempu pa hasi orashon. Pidi Dios yuda bo, skirbi un orashon.

1. E Teksto di Beibel
Nota e teksto di Beibel ku bo a lesa.

Fecha:_____

2. Un Aspekto Nobo
Skirbi algo nobo ku bo a lesa den Beibel awé. E por ta un versíkulo ku nunka bo a yega di lesa, òf un palabra ku a kapta bo atenshon

3. E Sorpresa "WOW"
Kiko a impaktá bo mas tantu awé? Kiko a impreshoná bo mas tantu? "Berdat?" mi no tabata sa!!

4. E Atributonan di Dios

Ken Dios ta bisa ku E ta? Identifiká atributonan di Dios Su karakter.

Skirbi e kualidatnan di Dios ku E ta mustra nos den e teksto aki. Pensa riba ken Dios ta; Dios Su amor i identidat.

5. Kiko Awor?

Awor puntra bo mes "Kiko awor? Si ta asina Beibel ta bisa, kiko mi ta bai hasi diferente? Kon e Palabra ta bai moldia mi bida? Kiko tin ku kambia? Repasá bo preguntanan di 2 te 4 i skirbi kon e teksto aki por kambia bo pa krese mas serka di Kristu Hesus.

6. Orashon

Ta tempu pa hasi orashon. Pidi Dios yuda bo, skirbi un orashon.

1. E Teksto di Beibel
Nota e teksto di Beibel ku bo a lesa.

Fecha:_____

2. Un Aspekto Nobo
Skirbi algo nobo ku bo a lesa den Beibel awé. E por ta un versíkulo ku nunka bo a yega di lesa, òf un palabra ku a kapta bo atenshon

3. E Sorpresa "WOW"
Kiko a impaktá bo mas tantu awé? Kiko a impreshoná bo mas tantu? "Berdat?" mi no tabata sa!!

4. E Atributonan di Dios

Ken Dios ta bisa ku E ta? Identifiká atributonan di Dios Su karakter.

Skirbi e kualidatnan di Dios ku E ta mustra nos den e teksto aki. Pensa riba ken Dios ta; Dios Su amor i identidat.

5. Kiko Awor?

Awor puntra bo mes "Kiko awor? Si ta asina Beibel ta bisa, kiko mi ta bai hasi diferente? Kon e Palabra ta bai moldia mi bida? Kiko tin ku kambia? Repasá bo preguntanan di 2 te 4 i skirbi kon e teksto aki por kambia bo pa krese mas serka di Kristu Hesus.

6. Orashon

Ta tempu pa hasi orashon. Pidi Dios yuda bo, skirbi un orashon.

Dios ta Omni Presente

1. E Teksto di Beibel

Fecha:_____

Nota e teksto di Beibel ku bo a lesa.

2. Un Aspekto Nobo

Skirbi algo nobo ku bo a lesa den Beibel awé. E por ta un versíkulo ku nunka bo a yega di lesa, òf un palabra ku a kapta bo atenshon

3. E Sorpresa "WOW"

Kiko a impaktá bo mas tantu awé? Kiko a impreshoná bo mas tantu? "Berdat?" mi no tabata sa!!

4. E Atributonan di Dios

Ken Dios ta bisa ku E ta? Identifiká atributonan di Dios Su karakter.

Skirbi e kualidatnan di Dios ku E ta mustra nos den e teksto aki. Pensa riba ken Dios ta; Dios Su amor i identidat.

5. Kiko Awor?

Awor puntra bo mes "Kiko awor? Si ta asina Beibel ta bisa, kiko mi ta bai hasi diferente? Kon e Palabra ta bai moldia mi bida? Kiko tin ku kambia? Repasá bo preguntanan di 2 te 4 i skirbi kon e teksto aki por kambia bo pa krese mas serka di Kristu Hesus.

Dios ta Misericordioso

6. Orashon

Ta tempu pa hasi orashon. Pidi Dios yuda bo, skirbi un orashon.

1. E Teksto di Beibel
Nota e teksto di Beibel ku bo a lesa.

2. Un Aspekto Nobo
Skirbi algo nobo ku bo a lesa den Beibel awé. E por ta un versíkulo ku nunka bo a yega di lesa, òf un palabra ku a kapta bo atenshon

3. E Sorpresa "WOW"
Kiko a impaktá bo mas tantu awé? Kiko a impreshoná bo mas tantu? "Berdat?" mi no tabata sa!!

Fecha:_____

4. E Atributonan di Dios

Ken Dios ta bisa ku E ta? Identifiká atributonan di Dios Su karakter.
Skirbi e kualidatnan di Dios ku E ta mustra nos den e teksto aki. Pensa riba ken Dios ta; Dios Su amor i identidat.

5. Kiko Awor?

Awor puntra bo mes "Kiko awor? Si ta asina Beibel ta bisa, kiko mi ta bai hasi diferente? Kon e Palabra ta bai moldia mi bida? Kiko tin ku kambia? Repasá bo preguntanan di 2 te 4 i skirbi kon e teksto aki por kambia bo pa krese mas serka di Kristu Hesus.

6. Orashon

Ta tempu pa hasi orashon. Pidi Dios yuda bo, skirbi un orashon.

1. E Teksto di Beibel
Nota e teksto di Beibel ku bo a lesa.

Fecha:_____

2. Un Aspekto Nobo
Skirbi algo nobo ku bo a lesa den Beibel awé. E por ta un versíkulo ku nunka bo a yega di lesa, òf un palabra ku a kapta bo atenshon

3. E Sorpresa "WOW"
Kiko a impaktá bo mas tantu awé? Kiko a impreshoná bo mas tantu? "Berdat?" mi no tabata sa!!

4. E Atributonan di Dios

Ken Dios ta bisa ku E ta? Identifiká atributonan di Dios Su karakter.

Skirbi e kualidatnan di Dios ku E ta mustra nos den e teksto aki. Pensa riba ken Dios ta; Dios Su amor i identidat.

5. Kiko Awor?

Awor puntra bo mes "Kiko awor? Si ta asina Beibel ta bisa, kiko mi ta bai hasi diferente? Kon e Palabra ta bai moldia mi bida? Kiko tin ku kambia? Repasá bo preguntanan di 2 te 4 i skirbi kon e teksto aki por kambia bo pa krese mas serka di Kristu Hesus.

6. Orashon

Ta tempu pa hasi orashon. Pidi Dios yuda bo, skirbi un orashon.

Dios ta Omni Presente

Orashon

Homber di Fe

Tito 2:2

1. E Teksto di Beibel
Nota e teksto di Beibel ku bo a lesa.

Fecha:_____

2. Un Aspekto Nobo
Skirbi algo nobo ku bo a lesa den Beibel awé. E por ta un versíkulo ku nunka bo a yega di lesa, òf un palabra ku a kapta bo atenshon

3. E Sorpresa "WOW"
Kiko a impaktá bo mas tantu awé? Kiko a impreshoná bo mas tantu? "Berdat?" mi no tabata sa!!

4. E Atributonan di Dios

Ken Dios ta bisa ku E ta? Identifiká atributonan di Dios Su karakter.

Skirbi e kualidatnan di Dios ku E ta mustra nos den e teksto aki. Pensa riba ken Dios ta; Dios Su amor i identidat.

5. Kiko Awor?

Awor puntra bo mes "Kiko awor? Si ta asina Beibel ta bisa, kiko mi ta bai hasi diferente? Kon e Palabra ta bai moldia mi bida? Kiko tin ku kambia? Repasá bo preguntanan di 2 te 4 i skirbi kon e teksto aki por kambia bo pa krese mas serka di Kristu Hesus.

6. Orashon

Ta tempu pa hasi orashon. Pidi Dios yuda bo, skirbi un orashon.

Dios ta Todo Poderoso

1. E Teksto di Beibel
Nota e teksto di Beibel ku bo a lesa.

Fecha:_____

2. Un Aspekto Nobo
Skirbi algo nobo ku bo a lesa den Beibel awé. E por ta un versíkulo ku nunka bo a yega di lesa, òf un palabra ku a kapta bo atenshon

3. E Sorpresa "WOW"
Kiko a impaktá bo mas tantu awé? Kiko a impreshoná bo mas tantu? "Berdat?" mi no tabata sa!!

4. E Atributonan di Dios

Ken Dios ta bisa ku E ta? Identifiká atributonan di Dios Su karakter.
Skirbi e kualidatnan di Dios ku E ta mustra nos den e teksto aki. Pensa riba ken Dios ta; Dios Su amor i identidat.

5. Kiko Awor?

Awor puntra bo mes "Kiko awor? Si ta asina Beibel ta bisa, kiko mi ta bai hasi diferente? Kon e Palabra ta bai moldia mi bida? Kiko tin ku kambia? Repasá bo preguntanan di 2 te 4 i skirbi kon e teksto aki por kambia bo pa krese mas serka di Kristu Hesus.

6. Orashon

Ta tempu pa hasi orashon. Pidi Dios yuda bo, skirbi un orashon.

1. E Teksto di Beibel
Nota e teksto di Beibel ku bo a lesa.

Fecha:_____

2. Un Aspekto Nobo
Skirbi algo nobo ku bo a lesa den Beibel awé. E por ta un versíkulo ku nunka bo a yega di lesa, òf un palabra ku a kapta bo atenshon

3. E Sorpresa "WOW"
Kiko a impaktá bo mas tantu awé? Kiko a impreshoná bo mas tantu? "Berdat?" mi no tabata sa!!

4. E Atributonan di Dios

Ken Dios ta bisa ku E ta? Identifiká atributonan di Dios Su karakter.

Skirbi e kualidatnan di Dios ku E ta mustra nos den e teksto aki. Pensa riba ken Dios ta; Dios Su amor i identidat.

5. Kiko Awor?

Awor puntra bo mes "Kiko awor? Si ta asina Beibel ta bisa, kiko mi ta bai hasi diferente? Kon e Palabra ta bai moldia mi bida? Kiko tin ku kambia? Repasá bo preguntanan di 2 te 4 i skirbi kon e teksto aki por kambia bo pa krese mas serka di Kristu Hesus.

6. Orashon

Ta tempu pa hasi orashon. Pidi Dios yuda bo, skirbi un orashon.

1. E Teksto di Beibel
Nota e teksto di Beibel ku bo a lesa.

Fecha:_____

2. Un Aspekto Nobo
Skirbi algo nobo ku bo a lesa den Beibel awé. E por ta un versíkulo ku nunka bo a yega di lesa, òf un palabra ku a kapta bo atenshon

3. E Sorpresa "WOW"
Kiko a impaktá bo mas tantu awé? Kiko a impreshoná bo mas tantu? "Berdat?" mi no tabata sa!!

4. E Atributonan di Dios

Ken Dios ta bisa ku E ta? Identifiká atributonan di Dios Su karakter.

Skirbi e kualidatnan di Dios ku E ta mustra nos den e teksto aki. Pensa riba ken Dios ta; Dios Su amor i identidat.

5. Kiko Awor?

Awor puntra bo mes "Kiko awor? Si ta asina Beibel ta bisa, kiko mi ta bai hasi diferente? Kon e Palabra ta bai moldia mi bida? Kiko tin ku kambia? Repasá bo preguntanan di 2 te 4 i skirbi kon e teksto aki por kambia bo pa krese mas serka di Kristu Hesus.

6. Orashon

Ta tempu pa hasi orashon. Pidi Dios yuda bo, skirbi un orashon.

Dios ta Omni Presente

1. E Teksto di Beibel
Nota e teksto di Beibel ku bo a lesa.

Fecha:_____

2. Un Aspekto Nobo
Skirbi algo nobo ku bo a lesa den Beibel awé. E por ta un versíkulo ku nunka bo a yega di lesa, òf un palabra ku a kapta bo atenshon

3. E Sorpresa "WOW"
Kiko a impaktá bo mas tantu awé? Kiko a impreshoná bo mas tantu? "Berdat?" mi no tabata sa!!

4. E Atributonan di Dios

Ken Dios ta bisa ku E ta? Identifiká atributonan di Dios Su karakter.
Skirbi e kualidatnan di Dios ku E ta mustra nos den e teksto aki. Pensa riba ken Dios ta; Dios Su amor i identidat.

5. Kiko Awor?

Awor puntra bo mes "Kiko awor? Si ta asina Beibel ta bisa, kiko mi ta bai hasi diferente? Kon e Palabra ta bai moldia mi bida? Kiko tin ku kambia? Repasá bo preguntanan di 2 te 4 i skirbi kon e teksto aki por kambia bo pa krese mas serka di Kristu Hesus.

6. Orashon

Ta tempu pa hasi orashon. Pidi Dios yuda bo, skirbi un orashon.

Dios ta Miserikordioso

1. E Teksto di Beibel
Nota e teksto di Beibel ku bo a lesa.

Fecha:_____

2. Un Aspekto Nobo
Skirbi algo nobo ku bo a lesa den Beibel awé. E por ta un versíkulo ku nunka bo a yega di lesa, òf un palabra ku a kapta bo atenshon

3. E Sorpresa "WOW"
Kiko a impaktá bo mas tantu awé? Kiko a impreshoná bo mas tantu? "Berdat?" mi no tabata sa!!

4. E Atributonan di Dios

Ken Dios ta bisa ku E ta? Identifiká atributonan di Dios Su karakter.

Skirbi e kualidatnan di Dios ku E ta mustra nos den e teksto aki. Pensa riba ken Dios ta; Dios Su amor i identidat.

5. Kiko Awor?

Awor puntra bo mes "Kiko awor? Si ta asina Beibel ta bisa, kiko mi ta bai hasi diferente? Kon e Palabra ta bai moldia mi bida? Kiko tin ku kambia? Repasá bo preguntanan di 2 te 4 i skirbi kon e teksto aki por kambia bo pa krese mas serka di Kristu Hesus.

6. Orashon

Ta tempu pa hasi orashon. Pidi Dios yuda bo, skirbi un orashon.

1. E Teksto di Beibel
Nota e teksto di Beibel ku bo a lesa.

2. Un Aspekto Nobo
Skirbi algo nobo ku bo a lesa den Beibel awé. E por ta un versíkulo ku nunka bo a yega di lesa, òf un palabra ku a kapta bo atenshon

3. E Sorpresa "WOW"
Kiko a impaktá bo mas tantu awé? Kiko a impreshoná bo mas tantu? "Berdat?" mi no tabata sa!!

Fecha:_____

4. E Atributonan di Dios

Ken Dios ta bisa ku E ta? Identifiká atributonan di Dios Su karakter.

Skirbi e kualidatnan di Dios ku E ta mustra nos den e teksto aki. Pensa riba ken Dios ta; Dios Su amor i identidat.

5. Kiko Awor?

Awor puntra bo mes "Kiko awor? Si ta asina Beibel ta bisa, kiko mi ta bai hasi diferente? Kon e Palabra ta bai moldia mi bida? Kiko tin ku kambia? Repasá bo preguntanan di 2 te 4 i skirbi kon e teksto aki por kambia bo pa krese mas serka di Kristu Hesus.

6. Orashon

Ta tempu pa hasi orashon. Pidi Dios yuda bo, skirbi un orashon.

Dios ta Omni Presente

Orashon

Su Grasia ta Sufisiente

2 Korintionan 12:9

Saved to Serve
Salvo para Servir
International Ministry

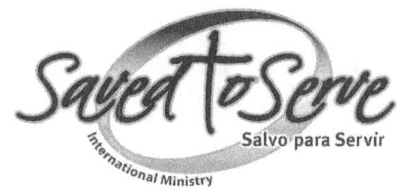

1. E Teksto di Beibel
Nota e teksto di Beibel ku bo a lesa.

Fecha:_____

2. Un Aspekto Nobo
Skirbi algo nobo ku bo a lesa den Beibel awé. E por ta un versíkulo ku nunka bo a yega di lesa, òf un palabra ku a kapta bo atenshon

3. E Sorpresa "WOW"
Kiko a impaktá bo mas tantu awé? Kiko a impreshoná bo mas tantu? "Berdat?" mi no tabata sa!!

4. E Atributonan di Dios

Ken Dios ta bisa ku E ta? Identifiká atributonan di Dios Su karakter.
Skirbi e kualidatnan di Dios ku E ta mustra nos den e teksto aki. Pensa riba ken Dios ta; Dios Su amor i identidat.

5. Kiko Awor?

Awor puntra bo mes "Kiko awor? Si ta asina Beibel ta bisa, kiko mi ta bai hasi diferente? Kon e Palabra ta bai moldia mi bida? Kiko tin ku kambia? Repasá bo preguntanan di 2 te 4 i skirbi kon e teksto aki por kambia bo pa krese mas serka di Kristu Hesus.

6. Orashon

Ta tempu pa hasi orashon. Pidi Dios yuda bo, skirbi un orashon.

Dios ta Todo Poderoso

1. E Teksto di Beibel
Nota e teksto di Beibel ku bo a lesa.

Fecha:_____

2. Un Aspekto Nobo
Skirbi algo nobo ku bo a lesa den Beibel awé. E por ta un versíkulo ku nunka bo a yega di lesa, òf un palabra ku a kapta bo atenshon

3. E Sorpresa "WOW"
Kiko a impaktá bo mas tantu awé? Kiko a impreshoná bo mas tantu? "Berdat?" mi no tabata sa!!

4. E Atributonan di Dios

Ken Dios ta bisa ku E ta? Identifiká atributonan di Dios Su karakter.
Skirbi e kualidatnan di Dios ku E ta mustra nos den e teksto aki. Pensa riba ken Dios ta; Dios Su amor i identidat.

5. Kiko Awor?

Awor puntra bo mes "Kiko awor? Si ta asina Beibel ta bisa, kiko mi ta bai hasi diferente? Kon e Palabra ta bai moldia mi bida? Kiko tin ku kambia? Repasá bo preguntanan di 2 te 4 i skirbi kon e teksto aki por kambia bo pa krese mas serka di Kristu Hesus.

6. Orashon

Ta tempu pa hasi orashon. Pidi Dios yuda bo, skirbi un orashon.

Dios ta sabi

1. E Teksto di Beibel   Fecha:_____
    Nota e teksto di Beibel ku bo a lesa.

2. Un Aspekto Nobo
    Skirbi algo nobo ku bo a lesa den Beibel awé. E por ta un versíkulo ku nunka bo a yega di lesa, òf un palabra ku a kapta bo atenshon

3. E Sorpresa "WOW"
    Kiko a impaktá bo mas tantu awé? Kiko a impreshoná bo mas tantu? "Berdat?" mi no tabata sa!!

4. E Atributonan di Dios

Ken Dios ta bisa ku E ta? Identifiká atributonan di Dios Su karakter.
Skirbi e kualidatnan di Dios ku E ta mustra nos den e teksto aki. Pensa riba ken Dios ta; Dios Su amor i identidat.

5. Kiko Awor?

Awor puntra bo mes "Kiko awor? Si ta asina Beibel ta bisa, kiko mi ta bai hasi diferente? Kon e Palabra ta bai moldia mi bida? Kiko tin ku kambia? Repasá bo preguntanan di 2 te 4 i skirbi kon e teksto aki por kambia bo pa krese mas serka di Kristu Hesus.

6. Orashon

Ta tempu pa hasi orashon. Pidi Dios yuda bo, skirbi un orashon.

1. E Teksto di Beibel
Nota e teksto di Beibel ku bo a lesa.

Fecha:_____

2. Un Aspekto Nobo
Skirbi algo nobo ku bo a lesa den Beibel awé. E por ta un versíkulo ku nunka bo a yega di lesa, òf un palabra ku a kapta bo atenshon

3. E Sorpresa "WOW"
Kiko a impaktá bo mas tantu awé? Kiko a impreshoná bo mas tantu? "Berdat?" mi no tabata sa!!

4. E Atributonan di Dios

Ken Dios ta bisa ku E ta? Identifiká atributonan di Dios Su karakter.

Skirbi e kualidatnan di Dios ku E ta mustra nos den e teksto aki. Pensa riba ken Dios ta; Dios Su amor i identidat.

5. Kiko Awor?

Awor puntra bo mes "Kiko awor? Si ta asina Beibel ta bisa, kiko mi ta bai hasi diferente? Kon e Palabra ta bai moldia mi bida? Kiko tin ku kambia? Repasá bo preguntanan di 2 te 4 i skirbi kon e teksto aki por kambia bo pa krese mas serka di Kristu Hesus.

Dios ta Omni Presente

6. Orashon

Ta tempu pa hasi orashon. Pidi Dios yuda bo, skirbi un orashon.

1. E Teksto di Beibel

Fecha:_____

Nota e teksto di Beibel ku bo a lesa.

2. Un Aspekto Nobo

Skirbi algo nobo ku bo a lesa den Beibel awé. E por ta un versíkulo ku nunka bo a yega di lesa, òf un palabra ku a kapta bo atenshon

3. E Sorpresa "WOW"

Kiko a impaktá bo mas tantu awé? Kiko a impreshoná bo mas tantu? "Berdat?" mi no tabata sa!!

4. E Atributonan di Dios

Ken Dios ta bisa ku E ta? Identifiká atributonan di Dios Su karakter.
Skirbi e kualidatnan di Dios ku E ta mustra nos den e teksto aki. Pensa riba ken Dios ta; Dios Su amor i identidat.

5. Kiko Awor?

Awor puntra bo mes "Kiko awor? Si ta asina Beibel ta bisa, kiko mi ta bai hasi diferente? Kon e Palabra ta bai moldia mi bida? Kiko tin ku kambia? Repasá bo preguntanan di 2 te 4 i skirbi kon e teksto aki por kambia bo pa krese mas serka di Kristu Hesus.

6. Orashon

Ta tempu pa hasi orashon. Pidi Dios yuda bo, skirbi un orashon.

Dios ta Misericordioso

Fecha:_____

1. E Teksto di Beibel
Nota e teksto di Beibel ku bo a lesa.

2. Un Aspekto Nobo
Skirbi algo nobo ku bo a lesa den Beibel awé. E por ta un versíkulo ku nunka bo a yega di lesa, òf un palabra ku a kapta bo atenshon

3. E Sorpresa "WOW"
Kiko a impaktá bo mas tantu awé? Kiko a impreshoná bo mas tantu? "Berdat?" mi no tabata sa!!

4. E Atributonan di Dios

Ken Dios ta bisa ku E ta? Identifiká atributonan di Dios Su karakter.

Skirbi e kualidatnan di Dios ku E ta mustra nos den e teksto aki. Pensa riba ken Dios ta; Dios Su amor i identidat.

5. Kiko Awor?

Awor puntra bo mes "Kiko awor? Si ta asina Beibel ta bisa, kiko mi ta bai hasi diferente? Kon e Palabra ta bai moldia mi bida? Kiko tin ku kambia? Repasá bo preguntanan di 2 te 4 i skirbi kon e teksto aki por kambia bo pa krese mas serka di Kristu Hesus.

6. Orashon

Ta tempu pa hasi orashon. Pidi Dios yuda bo, skirbi un orashon.

1. E Teksto di Beibel
Nota e teksto di Beibel ku bo a lesa.

Fecha:_____

2. Un Aspekto Nobo
Skirbi algo nobo ku bo a lesa den Beibel awé. E por ta un versíkulo ku nunka bo a yega di lesa, òf un palabra ku a kapta bo atenshon

3. E Sorpresa "WOW"
Kiko a impaktá bo mas tantu awé? Kiko a impreshoná bo mas tantu? "Berdat?" mi no tabata sa!!

4. E Atributonan di Dios

Ken Dios ta bisa ku E ta? Identifiká atributonan di Dios Su karakter.
Skirbi e kualidatnan di Dios ku E ta mustra nos den e teksto aki. Pensa riba ken Dios ta; Dios Su amor i identidat.

5. Kiko Awor?

Awor puntra bo mes "Kiko awor? Si ta asina Beibel ta bisa, kiko mi ta bai hasi diferente? Kon e Palabra ta bai moldia mi bida? Kiko tin ku kambia? Repasá bo preguntanan di 2 te 4 i skirbi kon e teksto aki por kambia bo pa krese mas serka di Kristu Hesus.

6. Orashon

Ta tempu pa hasi orashon. Pidi Dios yuda bo, skirbi un orashon.

Mi Alma ta Alaba Dios

Salmo 103:1

Dios ta Omni
Presente

Orashon

No den mi Mes Fòrsa

Filipensenan 2:13

Sea Fuerte i Balente

Yozue 1:9

1. E Teksto di Beibel
Nota e teksto di Beibel ku bo a lesa.

Fecha:_____

2. Un Aspekto Nobo
Skirbi algo nobo ku bo a lesa den Beibel awé. E por ta un versíkulo ku nunka bo a yega di lesa, òf un palabra ku a kapta bo atenshon

3. E Sorpresa "WOW"
Kiko a impaktá bo mas tantu awé? Kiko a impreshoná bo mas tantu? "Berdat?" mi no tabata sa!!

4. E Atributonan di Dios

Ken Dios ta bisa ku E ta? Identifiká atributonan di Dios Su karakter.
Skirbi e kualidatnan di Dios ku E ta mustra nos den e teksto aki. Pensa riba ken Dios ta; Dios Su amor i identidat.

5. Kiko Awor?

Awor puntra bo mes "Kiko awor? Si ta asina Beibel ta bisa, kiko mi ta bai hasi diferente? Kon e Palabra ta bai moldia mi bida? Kiko tin ku kambia? Repasá bo preguntanan di 2 te 4 i skirbi kon e teksto aki por kambia bo pa krese mas serka di Kristu Hesus.

6. Orashon

Ta tempu pa hasi orashon. Pidi Dios yuda bo, skirbi un orashon.

Dios ta Todo Poderoso

Fecha:_____

1. E Teksto di Beibel
Nota e teksto di Beibel ku bo a lesa.

2. Un Aspekto Nobo
Skirbi algo nobo ku bo a lesa den Beibel awé. E por ta un versíkulo ku nunka bo a yega di lesa, òf un palabra ku a kapta bo atenshon

3. E Sorpresa "WOW"
Kiko a impaktá bo mas tantu awé? Kiko a impreshoná bo mas tantu? "Berdat?" mi no tabata sa!!

4. E Atributonan di Dios

Ken Dios ta bisa ku E ta? Identifiká atributonan di Dios Su karakter.

Skirbi e kualidatnan di Dios ku E ta mustra nos den e teksto aki. Pensa riba ken Dios ta; Dios Su amor i identidat.

5. Kiko Awor?

Awor puntra bo mes "Kiko awor? Si ta asina Beibel ta bisa, kiko mi ta bai hasi diferente? Kon e Palabra ta bai moldia mi bida? Kiko tin ku kambia? Repasá bo preguntanan di 2 te 4 i skirbi kon e teksto aki por kambia bo pa krese mas serka di Kristu Hesus.

6. Orashon

Ta tempu pa hasi orashon. Pidi Dios yuda bo, skirbi un orashon.

1. E Teksto di Beibel
Nota e teksto di Beibel ku bo a lesa.

Fecha:_____

2. Un Aspekto Nobo
Skirbi algo nobo ku bo a lesa den Beibel awé. E por ta un versíkulo ku nunka bo a yega di lesa, òf un palabra ku a kapta bo atenshon

3. E Sorpresa "WOW"
Kiko a impaktá bo mas tantu awé? Kiko a impreshoná bo mas tantu? "Berdat?" mi no tabata sa!!

4. E Atributonan di Dios

Ken Dios ta bisa ku E ta? Identifiká atributonan di Dios Su karakter.

Skirbi e kualidatnan di Dios ku E ta mustra nos den e teksto aki. Pensa riba ken Dios ta; Dios Su amor i identidat.

5. Kiko Awor?

Awor puntra bo mes "Kiko awor? Si ta asina Beibel ta bisa, kiko mi ta bai hasi diferente? Kon e Palabra ta bai moldia mi bida? Kiko tin ku kambia? Repasá bo preguntanan di 2 te 4 i skirbi kon e teksto aki por kambia bo pa krese mas serka di Kristu Hesus.

6. Orashon

Ta tempu pa hasi orashon. Pidi Dios yuda bo, skirbi un orashon.

Dios ta Soberano

1. E Teksto di Beibel
  Nota e teksto di Beibel ku bo a lesa.

Fecha:_____

2. Un Aspekto Nobo
  Skirbi algo nobo ku bo a lesa den Beibel awé. E por ta un versíkulo ku nunka bo a yega di lesa, òf un palabra ku a kapta bo atenshon

3. E Sorpresa "WOW"
  Kiko a impaktá bo mas tantu awé? Kiko a impreshoná bo mas tantu? "Berdat?" mi no tabata sa!!

4. E Atributonan di Dios

Ken Dios ta bisa ku E ta? Identifiká atributonan di Dios Su karakter.
Skirbi e kualidatnan di Dios ku E ta mustra nos den e teksto aki. Pensa riba ken Dios ta; Dios Su amor i identidat.

5. Kiko Awor?

Awor puntra bo mes "Kiko awor? Si ta asina Beibel ta bisa, kiko mi ta bai hasi diferente? Kon e Palabra ta bai moldia mi bida? Kiko tin ku kambia? Repasá bo preguntanan di 2 te 4 i skirbi kon e teksto aki por kambia bo pa krese mas serka di Kristu Hesus.

Dios ta Omni Presente

6. Orashon

Ta tempu pa hasi orashon. Pidi Dios yuda bo, skirbi un orashon.

1. E Teksto di Beibel
Nota e teksto di Beibel ku bo a lesa.

Fecha:_____

2. Un Aspekto Nobo
Skirbi algo nobo ku bo a lesa den Beibel awé. E por ta un versíkulo ku nunka bo a yega di lesa, òf un palabra ku a kapta bo atenshon

3. E Sorpresa "WOW"
Kiko a impaktá bo mas tantu awé? Kiko a impreshoná bo mas tantu? "Berdat?" mi no tabata sa!!

4. E Atributonan di Dios
Ken Dios ta bisa ku E ta? Identifiká atributonan di Dios Su karakter.
Skirbi e kualidatnan di Dios ku E ta mustra nos den e teksto aki. Pensa riba ken Dios ta; Dios Su amor i identidat.

5. Kiko Awor?
Awor puntra bo mes "Kiko awor? Si ta asina Beibel ta bisa, kiko mi ta bai hasi diferente? Kon e Palabra ta bai moldia mi bida? Kiko tin ku kambia? Repasá bo preguntanan di 2 te 4 i skirbi kon e teksto aki por kambia bo pa krese mas serka di Kristu Hesus.

Dios ta MiseriKordioso

6. Orashon
Ta tempu pa hasi orashon. Pidi Dios yuda bo, skirbi un orashon.

1. E Teksto di Beibel
   Nota e teksto di Beibel ku bo a lesa.

Fecha:_____

2. Un Aspekto Nobo
   Skirbi algo nobo ku bo a lesa den Beibel awé. E por ta un versíkulo ku nunka bo a yega di lesa, òf un palabra ku a kapta bo atenshon

3. E Sorpresa "WOW"
   Kiko a impaktá bo mas tantu awé? Kiko a impreshoná bo mas tantu? "Berdat?" mi no tabata sa!!

4. E Atributonan di Dios

Ken Dios ta bisa ku E ta? Identifiká atributonan di Dios Su karakter.

Skirbi e kualidatnan di Dios ku E ta mustra nos den e teksto aki. Pensa riba ken Dios ta; Dios Su amor i identidat.

5. Kiko Awor?

Awor puntra bo mes "Kiko awor? Si ta asina Beibel ta bisa, kiko mi ta bai hasi diferente? Kon e Palabra ta bai moldia mi bida? Kiko tin ku kambia? Repasá bo preguntanan di 2 te 4 i skirbi kon e teksto aki por kambia bo pa krese mas serka di Kristu Hesus.

6. Orashon

Ta tempu pa hasi orashon. Pidi Dios yuda bo, skirbi un orashon.

Dios ta Bon

1. E Teksto di Beibel
Nota e teksto di Beibel ku bo a lesa.

Fecha:_____

2. Un Aspekto Nobo
Skirbi algo nobo ku bo a lesa den Beibel awé. E por ta un versíkulo ku nunka bo a yega di lesa, òf un palabra ku a kapta bo atenshon

3. E Sorpresa "WOW"
Kiko a impaktá bo mas tantu awé? Kiko a impreshoná bo mas tantu? "Berdat?" mi no tabata sa!!

4. E Atributonan di Dios
Ken Dios ta bisa ku E ta? Identifiká atributonan di Dios Su karakter.
Skirbi e kualidatnan di Dios ku E ta mustra nos den e teksto aki. Pensa riba ken Dios ta; Dios Su amor i identidat.

5. Kiko Awor?
Awor puntra bo mes "Kiko awor? Si ta asina Beibel ta bisa, kiko mi ta bai hasi diferente? Kon e Palabra ta bai moldia mi bida? Kiko tin ku kambia? Repasá bo preguntanan di 2 te 4 i skirbi kon e teksto aki por kambia bo pa krese mas serka di Kristu Hesus.

6. Orashon
Ta tempu pa hasi orashon. Pidi Dios yuda bo, skirbi un orashon.

Dios ta Omni
Presente

Orashon

Tin Hende ta Pensa

Tin hende ta pensa
ku ta nan ta disidí
destino di hende.
Ta nan ta registrá
si bo ta bai man drechi
òf man robes.
Tin hende ta pensa
ku si bo no sigui nan
regla ku den nan ansha pa
gara shelu
nan mes a formulá,
tokante paña, papiá
i pensá,
Lo bo no tin dicha
den paraiso eterno.
Tin hende ya a disidí
ku si bo ta di tal i tal tolda
ku no ta nan tolda,
ku nan bistí,
ku nan papiá,
ku nan kaná,
Ta pa sawaka sigur bo mester bai.
Mi ta pensa:
Nos trabou ta di sembra
i laga separashon final
di trigo i yerba shimaron
den man di e gran vitó di Názarèt
ku sa masha bon kon sefta.
I ban spera ku no ta bai tin sorpresa!

Un Man di Pinda pa Kaminda:
Reflekshon riba Bida, Fe i Nashon

Dr. Marlon Winedt

Bukinan di Beibel

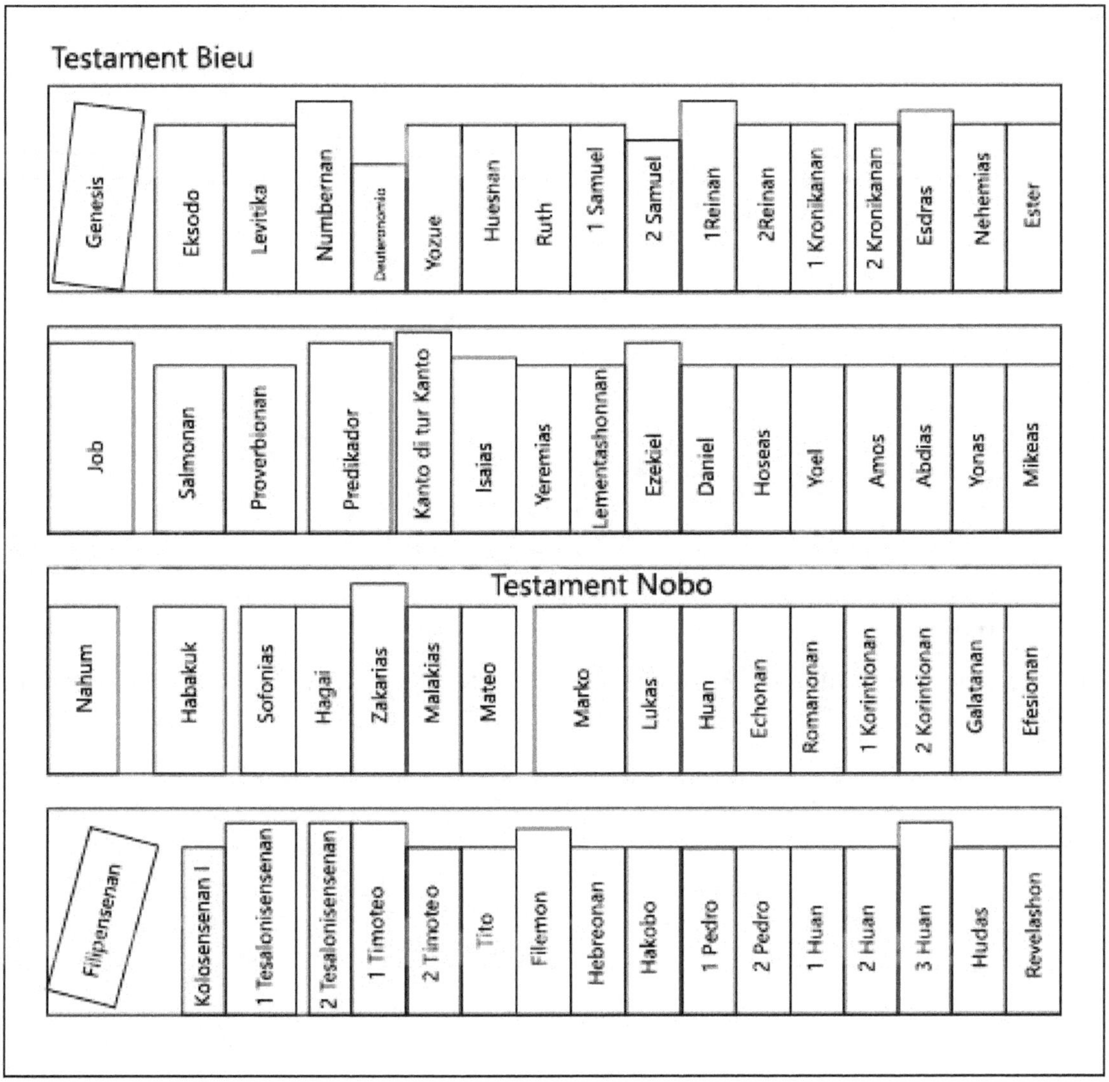

Testament Bieu

Genesis, Eksodo, Levitika, Numbernan, Deuteronomio, Yozue, Hueshan, Ruth, 1 Samuel, 2 Samuel, 1 Reinan, 2 Reinan, 1 Kronikanan, 2 Kronikanan, Esdras, Nehemias, Ester

Job, Salmonan, Proverbionan, Predikador, Kanto di tur Kanto, Isaias, Yeremias, Lementashonnan, Ezekiel, Daniel, Hoseas, Yoel, Amos, Abdias, Yonas, Mikeas

Testament Nobo

Nahum, Habakuk, Sofonias, Hagai, Zakarias, Malakias, Mateo, Marko, Lukas, Huan, Echonan, Romanonan, 1 Korintionan, 2 Korintionan, Galatanan, Efesionan

Filipensenan, Kolosensenan, 1 Tesalonisensenan, 2 Tesalonisensenan, 1 Timoteo, 2 Timoteo, Tito, Filemon, Hebreonan, Hakobo, 1 Pedro, 2 Pedro, 1 Huan, 2 Huan, 3 Huan, Hudas, Revelashon

1. E Teksto di Beibel
Nota e teksto di Beibel ku bo a lesa.

Fecha:_____

2. Un Aspekto Nobo
Skirbi algo nobo ku bo a lesa den Beibel awé. E por ta un versíkulo ku nunka bo a yega di lesa, òf un palabra ku a kapta bo atenshon

3. E Sorpresa "WOW"
Kiko a impaktá bo mas tantu awé? Kiko a impreshoná bo mas tantu? "Berdat?" mi no tabata sa!!

4. E Atributonan di Dios

Ken Dios ta bisa ku E ta? Identifiká atributonan di Dios Su karakter.

Skirbi e kualidatnan di Dios ku E ta mustra nos den e teksto aki. Pensa riba ken Dios ta; Dios Su amor i identidat.

5. Kiko Awor?

Awor puntra bo mes "Kiko awor? Si ta asina Beibel ta bisa, kiko mi ta bai hasi diferente? Kon e Palabra ta bai moldia mi bida? Kiko tin ku kambia? Repasá bo preguntanan di 2 te 4 i skirbi kon e teksto aki por kambia bo pa krese mas serka di Kristu Hesus.

6. Orashon

Ta tempu pa hasi orashon. Pidi Dios yuda bo, skirbi un orashon.

Dios ta Todo Poderoso

1. E Teksto di Beibel
Nota e teksto di Beibel ku bo a lesa.

Fecha:_____

2. Un Aspekto Nobo
Skirbi algo nobo ku bo a lesa den Beibel awé. E por ta un versíkulo ku nunka bo a yega di lesa, òf un palabra ku a kapta bo atenshon

3. E Sorpresa "WOW"
Kiko a impaktá bo mas tantu awé? Kiko a impreshoná bo mas tantu? "Berdat?" mi no tabata sa!!

4. E Atributonan di Dios

Ken Dios ta bisa ku E ta? Identifiká atributonan di Dios Su karakter.
Skirbi e kualidatnan di Dios ku E ta mustra nos den e teksto aki. Pensa riba ken Dios ta; Dios Su amor i identidat.

5. Kiko Awor?

Awor puntra bo mes "Kiko awor? Si ta asina Beibel ta bisa, kiko mi ta bai hasi diferente? Kon e Palabra ta bai moldia mi bida? Kiko tin ku kambia? Repasá bo preguntanan di 2 te 4 i skirbi kon e teksto aki por kambia bo pa krese mas serka di Kristu Hesus.

6. Orashon

Ta tempu pa hasi orashon. Pidi Dios yuda bo, skirbi un orashon.

1. E Teksto di Beibel
Nota e teksto di Beibel ku bo a lesa.

2. Un Aspekto Nobo
Skirbi algo nobo ku bo a lesa den Beibel awé. E por ta un versíkulo ku nunka bo a yega di lesa, òf un palabra ku a kapta bo atenshon

3. E Sorpresa "WOW"
Kiko a impaktá bo mas tantu awé? Kiko a impreshoná bo mas tantu? "Berdat?" mi no tabata sa!!

Fecha:_____

4. E Atributonan di Dios

Ken Dios ta bisa ku E ta? Identifiká atributonan di Dios Su karakter.

Skirbi e kualidatnan di Dios ku E ta mustra nos den e teksto aki. Pensa riba ken Dios ta; Dios Su amor i identidat.

5. Kiko Awor?

Awor puntra bo mes "Kiko awor? Si ta asina Beibel ta bisa, kiko mi ta bai hasi diferente? Kon e Palabra ta bai moldia mi bida? Kiko tin ku kambia? Repasá bo preguntanan di 2 te 4 i skirbi kon e teksto aki por kambia bo pa krese mas serka di Kristu Hesus.

6. Orashon

Ta tempu pa hasi orashon. Pidi Dios yuda bo, skirbi un orashon.

1. E Teksto di Beibel
Nota e teksto di Beibel ku bo a lesa.

Fecha:_____

2. Un Aspekto Nobo
Skirbi algo nobo ku bo a lesa den Beibel awé. E por ta un versíkulo ku nunka bo a yega di lesa, òf un palabra ku a kapta bo atenshon

3. E Sorpresa "WOW"
Kiko a impaktá bo mas tantu awé? Kiko a impreshoná bo mas tantu? "Berdat?" mi no tabata sa!!

4. E Atributonan di Dios

Ken Dios ta bisa ku E ta? Identifiká atributonan di Dios Su karakter.

Skirbi e kualidatnan di Dios ku E ta mustra nos den e teksto aki. Pensa riba ken Dios ta; Dios Su amor i identidat.

5. Kiko Awor?

Awor puntra bo mes "Kiko awor? Si ta asina Beibel ta bisa, kiko mi ta bai hasi diferente? Kon e Palabra ta bai moldia mi bida? Kiko tin ku kambia? Repasá bo preguntanan di 2 te 4 i skirbi kon e teksto aki por kambia bo pa krese mas serka di Kristu Hesus.

6. Orashon

Ta tempu pa hasi orashon. Pidi Dios yuda bo, skirbi un orashon.

Dios ta Omni Presente

1. E Teksto di Beibel
Nota e teksto di Beibel ku bo a lesa.

Fecha:_____

2. Un Aspekto Nobo
Skirbi algo nobo ku bo a lesa den Beibel awé. E por ta un versíkulo ku nunka bo a yega di lesa, òf un palabra ku a kapta bo atenshon

3. E Sorpresa "WOW"
Kiko a impaktá bo mas tantu awé? Kiko a impreshoná bo mas tantu? "Berdat?" mi no tabata sa!!

4. E Atributonan di Dios

Ken Dios ta bisa ku E ta? Identifiká atributonan di Dios Su karakter.
Skirbi e kualidatnan di Dios ku E ta mustra nos den e teksto aki. Pensa riba ken Dios ta; Dios Su amor i identidat.

5. Kiko Awor?

Awor puntra bo mes "Kiko awor? Si ta asina Beibel ta bisa, kiko mi ta bai hasi diferente? Kon e Palabra ta bai moldia mi bida? Kiko tin ku kambia? Repasá bo preguntanan di 2 te 4 i skirbi kon e teksto aki por kambia bo pa krese mas serka di Kristu Hesus.

Dios ta Misericordioso

6. Orashon

Ta tempu pa hasi orashon. Pidi Dios yuda bo, skirbi un orashon.

1. E Teksto di Beibel
Nota e teksto di Beibel ku bo a lesa.

Fecha:_____

2. Un Aspekto Nobo
Skirbi algo nobo ku bo a lesa den Beibel awé. E por ta un versíkulo ku nunka bo a yega di lesa, òf un palabra ku a kapta bo atenshon

3. E Sorpresa "WOW"
Kiko a impaktá bo mas tantu awé? Kiko a impreshoná bo mas tantu? "Berdat?" mi no tabata sa!!

4. E Atributonan di Dios

Ken Dios ta bisa ku E ta? Identifiká atributonan di Dios Su karakter.
Skirbi e kualidatnan di Dios ku E ta mustra nos den e teksto aki. Pensa riba ken Dios ta; Dios Su amor i identidat.

5. Kiko Awor?

Awor puntra bo mes "Kiko awor? Si ta asina Beibel ta bisa, kiko mi ta bai hasi diferente? Kon e Palabra ta bai moldia mi bida? Kiko tin ku kambia? Repasá bo preguntanan di 2 te 4 i skirbi kon e teksto aki por kambia bo pa krese mas serka di Kristu Hesus.

6. Orashon

Ta tempu pa hasi orashon. Pidi Dios yuda bo, skirbi un orashon.

1. E Teksto di Beibel
Nota e teksto di Beibel ku bo a lesa.

2. Un Aspekto Nobo
Skirbi algo nobo ku bo a lesa den Beibel awé. E por ta un versíkulo ku nunka bo a yega di lesa, òf un palabra ku a kapta bo atenshon

3. E Sorpresa "WOW"
Kiko a impaktá bo mas tantu awé? Kiko a impreshoná bo mas tantu? "Berdat?" mi no tabata sa!!

Fecha:_____

4. E Atributonan di Dios

Ken Dios ta bisa ku E ta? Identifiká atributonan di Dios Su karakter.

Skirbi e kualidatnan di Dios ku E ta mustra nos den e teksto aki. Pensa riba ken Dios ta; Dios Su amor i identidat.

5. Kiko Awor?

Awor puntra bo mes "Kiko awor? Si ta asina Beibel ta bisa, kiko mi ta bai hasi diferente? Kon e Palabra ta bai moldia mi bida? Kiko tin ku kambia? Repasá bo preguntanan di 2 te 4 i skirbi kon e teksto aki por kambia bo pa krese mas serka di Kristu Hesus.

6. Orashon

Ta tempu pa hasi orashon. Pidi Dios yuda bo, skirbi un orashon.

Dios ta Soberano

Dios ta Omni Presente

Orashon

Dios Stima Mi.

Apesar ku Dios sa tur kos E ta stima bo tòg. Dia mi a realisá ku Dios stima mi apesar di mi pikánan mahos mi boka a kai habri. Mi a realisá ku mi no por skonde mi pikánan p'E. Asina mi a yega na e konklushon ku mi no mester peka mas. Mi no por skonde pa Dios. Mi no ke purba mes. Ta ko'i loko. Mi no ke biba ku e peso di remordimentu i kulpabilidat.

Dios, awe mi ta pidi Bo yuda mi pa mi biba pa Bo. Guia mi i mustra mi e kaminda drechi.

1. E Teksto di Beibel
Nota e teksto di Beibel ku bo a lesa.

Fecha:_____

2. Un Aspekto Nobo
Skirbi algo nobo ku bo a lesa den Beibel awé. E por ta un versíkulo ku nunka bo a yega di lesa, òf un palabra ku a kapta bo atenshon

3. E Sorpresa "WOW"
Kiko a impaktá bo mas tantu awé? Kiko a impreshoná bo mas tantu? "Berdat?" mi no tabata sa!!

4. E Atributonan di Dios

Ken Dios ta bisa ku E ta? Identifiká atributonan di Dios Su karakter.

Skirbi e kualidatnan di Dios ku E ta mustra nos den e teksto aki. Pensa riba ken Dios ta; Dios Su amor i identidat.

5. Kiko Awor?

Awor puntra bo mes "Kiko awor? Si ta asina Beibel ta bisa, kiko mi ta bai hasi diferente? Kon e Palabra ta bai moldia mi bida? Kiko tin ku kambia? Repasá bo preguntanan di 2 te 4 i skirbi kon e teksto aki por kambia bo pa krese mas serka di Kristu Hesus.

6. Orashon

Ta tempu pa hasi orashon. Pidi Dios yuda bo, skirbi un orashon.

Dios ta Todo Poderoso

1. E Teksto di Beibel
Nota e teksto di Beibel ku bo a lesa.

Fecha:_____

2. Un Aspekto Nobo
Skirbi algo nobo ku bo a lesa den Beibel awé. E por ta un versíkulo ku nunka bo a yega di lesa, òf un palabra ku a kapta bo atenshon

3. E Sorpresa "WOW"
Kiko a impaktá bo mas tantu awé? Kiko a impreshoná bo mas tantu? "Berdat?" mi no tabata sa!!

4. E Atributonan di Dios

Ken Dios ta bisa ku E ta? Identifiká atributonan di Dios Su karakter.
Skirbi e kualidatnan di Dios ku E ta mustra nos den e teksto aki. Pensa riba ken Dios ta; Dios Su amor i identidat.

5. Kiko Awor?

Awor puntra bo mes "Kiko awor? Si ta asina Beibel ta bisa, kiko mi ta bai hasi diferente? Kon e Palabra ta bai moldia mi bida? Kiko tin ku kambia? Repasá bo preguntanan di 2 te 4 i skirbi kon e teksto aki por kambia bo pa krese mas serka di Kristu Hesus.

6. Orashon

Ta tempu pa hasi orashon. Pidi Dios yuda bo, skirbi un orashon.

1. E Teksto di Beibel   Fecha:_____

Nota e teksto di Beibel ku bo a lesa.

2. Un Aspekto Nobo

Skirbi algo nobo ku bo a lesa den Beibel awé. E por ta un versíkulo ku nunka bo a yega di lesa, òf un palabra ku a kapta bo atenshon

3. E Sorpresa "WOW"

Kiko a impaktá bo mas tantu awé? Kiko a impreshoná bo mas tantu? "Berdat?" mi no tabata sa!!

4. E Atributonan di Dios

Ken Dios ta bisa ku E ta? Identifiká atributonan di Dios Su karakter.
Skirbi e kualidatnan di Dios ku E ta mustra nos den e teksto aki. Pensa riba ken Dios ta; Dios Su amor i identidat.

5. Kiko Awor?

Awor puntra bo mes "Kiko awor? Si ta asina Beibel ta bisa, kiko mi ta bai hasi diferente? Kon e Palabra ta bai moldia mi bida? Kiko tin ku kambia? Repasá bo preguntanan di 2 te 4 i skirbi kon e teksto aki por kambia bo pa krese mas serka di Kristu Hesus.

6. Orashon

Ta tempu pa hasi orashon. Pidi Dios yuda bo, skirbi un orashon.

1. E Teksto di Beibel
Nota e teksto di Beibel ku bo a lesa.

Fecha:_____

2. Un Aspekto Nobo
Skirbi algo nobo ku bo a lesa den Beibel awé. E por ta un versíkulo ku nunka bo a yega di lesa, òf un palabra ku a kapta bo atenshon

3. E Sorpresa "WOW"
Kiko a impaktá bo mas tantu awé? Kiko a impreshoná bo mas tantu? "Berdat?" mi no tabata sa!!

4. E Atributonan di Dios

Ken Dios ta bisa ku E ta? Identifiká atributonan di Dios Su karakter.

Skirbi e kualidatnan di Dios ku E ta mustra nos den e teksto aki. Pensa riba ken Dios ta; Dios Su amor i identidat.

5. Kiko Awor?

Awor puntra bo mes "Kiko awor? Si ta asina Beibel ta bisa, kiko mi ta bai hasi diferente? Kon e Palabra ta bai moldia mi bida? Kiko tin ku kambia? Repasá bo preguntanan di 2 te 4 i skirbi kon e teksto aki por kambia bo pa krese mas serka di Kristu Hesus.

6. Orashon

Ta tempu pa hasi orashon. Pidi Dios yuda bo, skirbi un orashon.

Dios ta Omni Presente

1. E Teksto di Beibel
Nota e teksto di Beibel ku bo a lesa.

2. Un Aspekto Nobo
Skirbi algo nobo ku bo a lesa den Beibel awé. E por ta un versíkulo ku nunka bo a yega di lesa, òf un palabra ku a kapta bo atenshon

3. E Sorpresa "WOW"
Kiko a impaktá bo mas tantu awé? Kiko a impreshoná bo mas tantu? "Berdat?" mi no tabata sa!!

Fecha:_____

4. E Atributonan di Dios

Ken Dios ta bisa ku E ta? Identifiká atributonan di Dios Su karakter.
Skirbi e kualidatnan di Dios ku E ta mustra nos den e teksto aki. Pensa riba ken Dios ta; Dios Su amor i identidat.

5. Kiko Awor?

Awor puntra bo mes "Kiko awor? Si ta asina Beibel ta bisa, kiko mi ta bai hasi diferente? Kon e Palabra ta bai moldia mi bida? Kiko tin ku kambia? Repasá bo preguntanan di 2 te 4 i skirbi kon e teksto aki por kambia bo pa krese mas serka di Kristu Hesus.

Dios ta Miserikordioso

6. Orashon

Ta tempu pa hasi orashon. Pidi Dios yuda bo, skirbi un orashon.

1. E Teksto di Beibel
Nota e teksto di Beibel ku bo a lesa.

Fecha:_____

2. Un Aspekto Nobo
Skirbi algo nobo ku bo a lesa den Beibel awé. E por ta un versíkulo ku nunka bo a yega di lesa, òf un palabra ku a kapta bo atenshon

3. E Sorpresa "WOW"
Kiko a impaktá bo mas tantu awé? Kiko a impreshoná bo mas tantu? "Berdat?" mi no tabata sa!!

4. E Atributonan di Dios

Ken Dios ta bisa ku E ta? Identifiká atributonan di Dios Su karakter.
Skirbi e kualidatnan di Dios ku E ta mustra nos den e teksto aki. Pensa riba ken Dios ta; Dios Su amor i identidat.

5. Kiko Awor?

Awor puntra bo mes "Kiko awor? Si ta asina Beibel ta bisa, kiko mi ta bai hasi diferente? Kon e Palabra ta bai moldia mi bida? Kiko tin ku kambia? Repasá bo preguntanan di 2 te 4 i skirbi kon e teksto aki por kambia bo pa krese mas serka di Kristu Hesus.

6. Orashon

Ta tempu pa hasi orashon. Pidi Dios yuda bo, skirbi un orashon.

1. E Teksto di Beibel
   Nota e teksto di Beibel ku bo a lesa.

2. Un Aspekto Nobo
   Skirbi algo nobo ku bo a lesa den Beibel awé. E por ta un versíkulo ku nunka bo a yega di lesa, òf un palabra ku a kapta bo atenshon

3. E Sorpresa "WOW"
   Kiko a impaktá bo mas tantu awé? Kiko a impreshoná bo mas tantu? "Berdat?" mi no tabata sa!!

Fecha:_____

4. E Atributonan di Dios

Ken Dios ta bisa ku E ta? Identifiká atributonan di Dios Su karakter.

Skirbi e kualidatnan di Dios ku E ta mustra nos den e teksto aki. Pensa riba ken Dios ta; Dios Su amor i identidat.

5. Kiko Awor?

Awor puntra bo mes "Kiko awor? Si ta asina Beibel ta bisa, kiko mi ta bai hasi diferente? Kon e Palabra ta bai moldia mi bida? Kiko tin ku kambia? Repasá bo preguntanan di 2 te 4 i skirbi kon e teksto aki por kambia bo pa krese mas serka di Kristu Hesus.

6. Orashon

Ta tempu pa hasi orashon. Pidi Dios yuda bo, skirbi un orashon.

Dios ta Soberano

Dios ta Omni
Presente

Orashon

*Mi Bendishon
NO ta na kaminda.
El a yega kaba.
Kristu Hesus!*

Entregá

Bai riba bo rudia, lesa e versíkulo akí i entregá tur kos na Dios. Tur kos.

"P'esei mi ta roga boso, rumannan, pa medio di e miserikòrdianan di Dios, pa presentá boso kurpanan komo sakrifisionan bibu i santu, aseptabel pa Dios, kual ta boso sirbishi spiritual di adorashon."

Mi ta entregá mi bida na Dios, Si na E so!

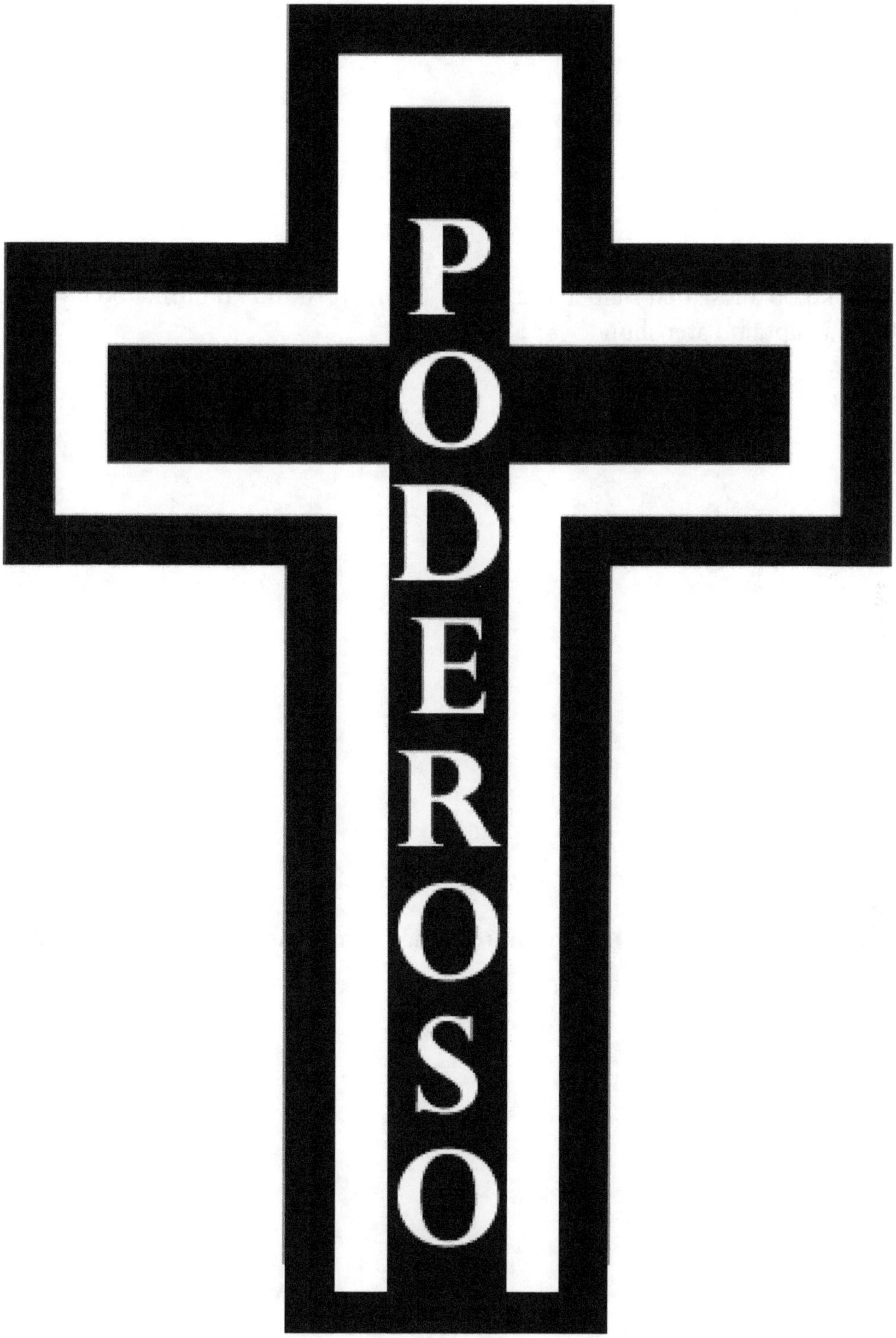

Saved to Serve
Salvo para Servir
International Ministry

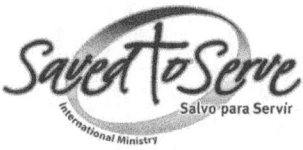

Fecha:_____

1. E Teksto di Beibel
Nota e teksto di Beibel ku bo a lesa.

2. Un Aspekto Nobo
Skirbi algo nobo ku bo a lesa den Beibel awé. E por ta un versíkulo ku nunka bo a yega di lesa, òf un palabra ku a kapta bo atenshon

3. E Sorpresa "WOW"
Kiko a impaktá bo mas tantu awé? Kiko a impreshoná bo mas tantu? "Berdat?" mi no tabata sa!!

4. E Atributonan di Dios

Ken Dios ta bisa ku E ta? Identifiká atributonan di Dios Su karakter.

Skirbi e kualidatnan di Dios ku E ta mustra nos den e teksto aki. Pensa riba ken Dios ta; Dios Su amor i identidat.

5. Kiko Awor?

Awor puntra bo mes "Kiko awor? Si ta asina Beibel ta bisa, kiko mi ta bai hasi diferente? Kon e Palabra ta bai moldia mi bida? Kiko tin ku kambia? Repasá bo preguntanan di 2 te 4 i skirbi kon e teksto aki por kambia bo pa krese mas serka di Kristu Hesus.

6. Orashon

Ta tempu pa hasi orashon. Pidi Dios yuda bo, skirbi un orashon.

Dios ta Todo Poderoso

1. E Teksto di Beibel
Nota e teksto di Beibel ku bo a lesa.

2. Un Aspekto Nobo
Skirbi algo nobo ku bo a lesa den Beibel awé. E por ta un versíkulo ku nunka bo a yega di lesa, òf un palabra ku a kapta bo atenshon

3. E Sorpresa "WOW"
Kiko a impaktá bo mas tantu awé? Kiko a impreshoná bo mas tantu? "Berdat?" mi no tabata sa!!

Fecha:_____

4. E Atributonan di Dios

Ken Dios ta bisa ku E ta? Identifiká atributonan di Dios Su karakter.

Skirbi e kualidatnan di Dios ku E ta mustra nos den e teksto aki. Pensa riba ken Dios ta; Dios Su amor i identidat.

5. Kiko Awor?

Awor puntra bo mes "Kiko awor? Si ta asina Beibel ta bisa, kiko mi ta bai hasi diferente? Kon e Palabra ta bai moldia mi bida? Kiko tin ku kambia? Repasá bo preguntanan di 2 te 4 i skirbi kon e teksto aki por kambia bo pa krese mas serka di Kristu Hesus.

6. Orashon

Ta tempu pa hasi orashon. Pidi Dios yuda bo, skirbi un orashon.

1. E Teksto di Beibel
Nota e teksto di Beibel ku bo a lesa.

Fecha:_____

2. Un Aspekto Nobo
Skirbi algo nobo ku bo a lesa den Beibel awé. E por ta un versíkulo ku nunka bo a yega di lesa, òf un palabra ku a kapta bo atenshon

3. E Sorpresa "WOW"
Kiko a impaktá bo mas tantu awé? Kiko a impreshoná bo mas tantu? "Berdat?" mi no tabata sa!!

4. E Atributonan di Dios

Ken Dios ta bisa ku E ta? Identifiká atributonan di Dios Su karakter.

Skirbi e kualidatnan di Dios ku E ta mustra nos den e teksto aki. Pensa riba ken Dios ta; Dios Su amor i identidat.

5. Kiko Awor?

Awor puntra bo mes "Kiko awor? Si ta asina Beibel ta bisa, kiko mi ta bai hasi diferente? Kon e Palabra ta bai moldia mi bida? Kiko tin ku kambia? Repasá bo preguntanan di 2 te 4 i skirbi kon e teksto aki por kambia bo pa krese mas serka di Kristu Hesus.

6. Orashon

Ta tempu pa hasi orashon. Pidi Dios yuda bo, skirbi un orashon.

1. E Teksto di Beibel
Nota e teksto di Beibel ku bo a lesa.

Fecha:_____

2. Un Aspekto Nobo
Skirbi algo nobo ku bo a lesa den Beibel awé. E por ta un versíkulo ku nunka bo a yega di lesa, òf un palabra ku a kapta bo atenshon

3. E Sorpresa "WOW"
Kiko a impaktá bo mas tantu awé? Kiko a impreshoná bo mas tantu? "Berdat?" mi no tabata sa!!

4. E Atributonan di Dios

Ken Dios ta bisa ku E ta? Identifiká atributonan di Dios Su karakter.
Skirbi e kualidatnan di Dios ku E ta mustra nos den e teksto aki. Pensa riba ken Dios ta; Dios Su amor i identidat.

5. Kiko Awor?

Awor puntra bo mes "Kiko awor? Si ta asina Beibel ta bisa, kiko mi ta bai hasi diferente? Kon e Palabra ta bai moldia mi bida? Kiko tin ku kambia? Repasá bo preguntanan di 2 te 4 i skirbi kon e teksto aki por kambia bo pa krese mas serka di Kristu Hesus.

6. Orashon

Ta tempu pa hasi orashon. Pidi Dios yuda bo, skirbi un orashon.

Dios ta Omni Presente

1. E Teksto di Beibel
Nota e teksto di Beibel ku bo a lesa.

Fecha:_____

2. Un Aspekto Nobo
Skirbi algo nobo ku bo a lesa den Beibel awé. E por ta un versíkulo ku nunka bo a yega di lesa, òf un palabra ku a kapta bo atenshon

3. E Sorpresa "WOW"
Kiko a impaktá bo mas tantu awé? Kiko a impreshoná bo mas tantu? "Berdat?" mi no tabata sa!!

4. E Atributonan di Dios
Ken Dios ta bisa ku E ta? Identifiká atributonan di Dios Su karakter.
Skirbi e kualidatnan di Dios ku E ta mustra nos den e teksto aki. Pensa riba ken Dios ta; Dios Su amor i identidat.

5. Kiko Awor?
Awor puntra bo mes "Kiko awor? Si ta asina Beibel ta bisa, kiko mi ta bai hasi diferente? Kon e Palabra ta bai moldia mi bida? Kiko tin ku kambia? Repasá bo preguntanan di 2 te 4 i skirbi kon e teksto aki por kambia bo pa krese mas serka di Kristu Hesus.

6. Orashon
Ta tempu pa hasi orashon. Pidi Dios yuda bo, skirbi un orashon.

Dios ta Mizerikordioso

1. E Teksto di Beibel
Nota e teksto di Beibel ku bo a lesa.

Fecha:_____

2. Un Aspekto Nobo
Skirbi algo nobo ku bo a lesa den Beibel awé. E por ta un versíkulo ku nunka bo a yega di lesa, òf un palabra ku a kapta bo atenshon

3. E Sorpresa "WOW"
Kiko a impaktá bo mas tantu awé? Kiko a impreshoná bo mas tantu? "Berdat?" mi no tabata sa!!

4. E Atributonan di Dios
Ken Dios ta bisa ku E ta? Identifiká atributonan di Dios Su karakter.
Skirbi e kualidatnan di Dios ku E ta mustra nos den e teksto aki. Pensa riba ken Dios ta; Dios Su amor i identidat.

5. Kiko Awor?
Awor puntra bo mes "Kiko awor? Si ta asina Beibel ta bisa, kiko mi ta bai hasi diferente? Kon e Palabra ta bai moldia mi bida? Kiko tin ku kambia? Repasá bo preguntanan di 2 te 4 i skirbi kon e teksto aki por kambia bo pa krese mas serka di Kristu Hesus.

6. Orashon
Ta tempu pa hasi orashon. Pidi Dios yuda bo, skirbi un orashon.

Dios ta Bon

1. E Teksto di Beibel
Nota e teksto di Beibel ku bo a lesa.

Fecha:_____

2. Un Aspekto Nobo
Skirbi algo nobo ku bo a lesa den Beibel awé. E por ta un versíkulo ku nunka bo a yega di lesa, òf un palabra ku a kapta bo atenshon

3. E Sorpresa "WOW"
Kiko a impaktá bo mas tantu awé? Kiko a impreshoná bo mas tantu? "Berdat?" mi no tabata sa!!

4. E Atributonan di Dios

Ken Dios ta bisa ku E ta? Identifiká atributonan di Dios Su karakter.
Skirbi e kualidatnan di Dios ku E ta mustra nos den e teksto aki. Pensa riba ken Dios ta; Dios Su amor i identidat.

5. Kiko Awor?

Awor puntra bo mes "Kiko awor? Si ta asina Beibel ta bisa, kiko mi ta bai hasi diferente? Kon e Palabra ta bai moldia mi bida? Kiko tin ku kambia? Repasá bo preguntanan di 2 te 4 i skirbi kon e teksto aki por kambia bo pa krese mas serka di Kristu Hesus.

6. Orashon

Ta tempu pa hasi orashon. Pidi Dios yuda bo, skirbi un orashon.

Dios ta Soberano

Dios ta Omni
Presente

Orashon

Abo por bisa meskos ku Josue, "Ami i mi kas lo sirbi Señor?"

Josue 24:15
www.luisettekraal.com

> Orashon no ta un ehersisio, orashon ta nos rosea pa bida.
>
> — Igraima Zimmerman

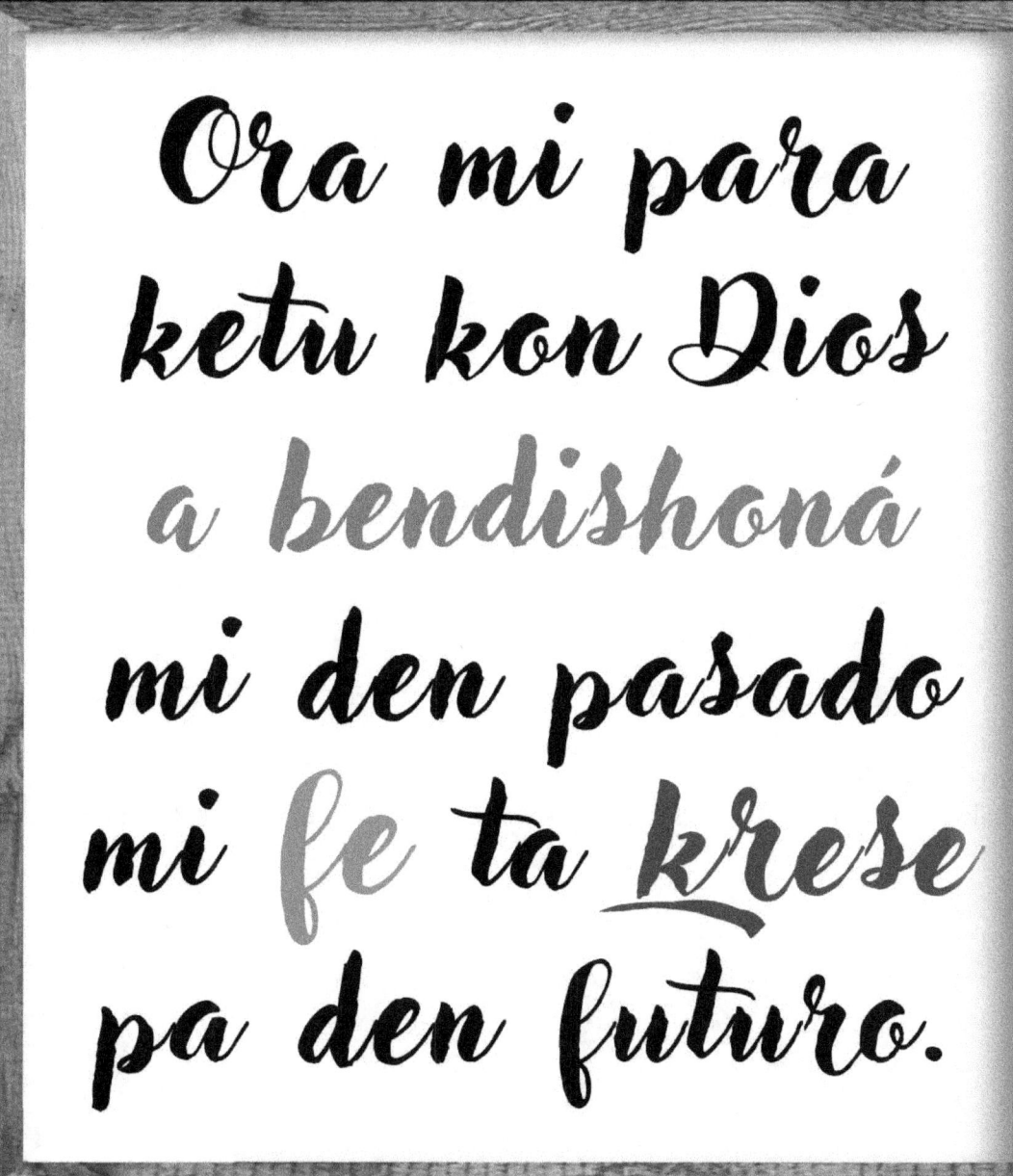

1. E Teksto di Beibel
Nota e teksto di Beibel ku bo a lesa.

Fecha:_____

2. Un Aspekto Nobo
Skirbi algo nobo ku bo a lesa den Beibel awé. E por ta un versíkulo ku nunka bo a yega di lesa, òf un palabra ku a kapta bo atenshon

3. E Sorpresa "WOW"
Kiko a impaktá bo mas tantu awé? Kiko a impreshoná bo mas tantu? "Berdat?" mi no tabata sa!!

4. E Atributonan di Dios

Ken Dios ta bisa ku E ta? Identifiká atributonan di Dios Su karakter.

Skirbi e kualidatnan di Dios ku E ta mustra nos den e teksto aki. Pensa riba ken Dios ta; Dios Su amor i identidat.

5. Kiko Awor?

Awor puntra bo mes "Kiko awor? Si ta asina Beibel ta bisa, kiko mi ta bai hasi diferente? Kon e Palabra ta bai moldia mi bida? Kiko tin ku kambia? Repasá bo preguntanan di 2 te 4 i skirbi kon e teksto aki por kambia bo pa krese mas serka di Kristu Hesus.

6. Orashon

Ta tempu pa hasi orashon. Pidi Dios yuda bo, skirbi un orashon.

Dios ta Todo Poderoso

1. E Teksto di Beibel
Nota e teksto di Beibel ku bo a lesa.

2. Un Aspekto Nobo
Skirbi algo nobo ku bo a lesa den Beibel awé. E por ta un versíkulo ku nunka bo a yega di lesa, òf un palabra ku a kapta bo atenshon

3. E Sorpresa "WOW"
Kiko a impaktá bo mas tantu awé? Kiko a impreshoná bo mas tantu? "Berdat?" mi no tabata sa!!

Fecha:_____

4. E Atributonan di Dios

Ken Dios ta bisa ku E ta? Identifiká atributonan di Dios Su karakter.

Skirbi e kualidatnan di Dios ku E ta mustra nos den e teksto aki. Pensa riba ken Dios ta; Dios Su amor i identidat.

5. Kiko Awor?

Awor puntra bo mes "Kiko awor? Si ta asina Beibel ta bisa, kiko mi ta bai hasi diferente? Kon e Palabra ta bai moldia mi bida? Kiko tin ku kambia? Repasá bo preguntanan di 2 te 4 i skirbi kon e teksto aki por kambia bo pa krese mas serka di Kristu Hesus.

6. Orashon

Ta tempu pa hasi orashon. Pidi Dios yuda bo, skirbi un orashon.

1. E Teksto di Beibel
Nota e teksto di Beibel ku bo a lesa.

Fecha:_____

2. Un Aspekto Nobo
Skirbi algo nobo ku bo a lesa den Beibel awé. E por ta un versíkulo ku nunka bo a yega di lesa, òf un palabra ku a kapta bo atenshon

3. E Sorpresa "WOW"
Kiko a impaktá bo mas tantu awé? Kiko a impreshoná bo mas tantu? "Berdat?" mi no tabata sa!!

4. E Atributonan di Dios

Ken Dios ta bisa ku E ta? Identifiká atributonan di Dios Su karakter.

Skirbi e kualidatnan di Dios ku E ta mustra nos den e teksto aki. Pensa riba ken Dios ta; Dios Su amor i identidat.

5. Kiko Awor?

Awor puntra bo mes "Kiko awor? Si ta asina Beibel ta bisa, kiko mi ta bai hasi diferente? Kon e Palabra ta bai moldia mi bida? Kiko tin ku kambia? Repasá bo preguntanan di 2 te 4 i skirbi kon e teksto aki por kambia bo pa krese mas serka di Kristu Hesus.

6. Orashon

Ta tempu pa hasi orashon. Pidi Dios yuda bo, skirbi un orashon.

1. E Teksto di Beibel
Nota e teksto di Beibel ku bo a lesa.

Fecha:_____

2. Un Aspekto Nobo
Skirbi algo nobo ku bo a lesa den Beibel awé. E por ta un versíkulo ku nunka bo a yega di lesa, òf un palabra ku a kapta bo atenshon

3. E Sorpresa "WOW"
Kiko a impaktá bo mas tantu awé? Kiko a impreshoná bo mas tantu? "Berdat?" mi no tabata sa!!

4. E Atributonan di Dios

Ken Dios ta bisa ku E ta? Identifiká atributonan di Dios Su karakter.

Skirbi e kualidatnan di Dios ku E ta mustra nos den e teksto aki. Pensa riba ken Dios ta; Dios Su amor i identidat.

5. Kiko Awor?

Awor puntra bo mes "Kiko awor? Si ta asina Beibel ta bisa, kiko mi ta bai hasi diferente? Kon e Palabra ta bai moldia mi bida? Kiko tin ku kambia? Repasá bo preguntanan di 2 te 4 i skirbi kon e teksto aki por kambia bo pa krese mas serka di Kristu Hesus.

6. Orashon

Ta tempu pa hasi orashon. Pidi Dios yuda bo, skirbi un orashon.

Dios ta Omni Presente

1. E Teksto di Beibel
Nota e teksto di Beibel ku bo a lesa.

Fecha:_____

2. Un Aspekto Nobo
Skirbi algo nobo ku bo a lesa den Beibel awé. E por ta un versíkulo ku nunka bo a yega di lesa, òf un palabra ku a kapta bo atenshon

3. E Sorpresa "WOW"
Kiko a impaktá bo mas tantu awé? Kiko a impreshoná bo mas tantu? "Berdat?" mi no tabata sa!!

4. E Atributonan di Dios

Ken Dios ta bisa ku E ta? Identifiká atributonan di Dios Su karakter.
Skirbi e kualidatnan di Dios ku E ta mustra nos den e teksto aki. Pensa riba ken Dios ta; Dios Su amor i identidat.

5. Kiko Awor?

Awor puntra bo mes "Kiko awor? Si ta asina Beibel ta bisa, kiko mi ta bai hasi diferente? Kon e Palabra ta bai moldia mi bida? Kiko tin ku kambia? Repasá bo preguntanan di 2 te 4 i skirbi kon e teksto aki por kambia bo pa krese mas serka di Kristu Hesus.

Dios ta Miserikordioso

6. Orashon

Ta tempu pa hasi orashon. Pidi Dios yuda bo, skirbi un orashon.

1. E Teksto di Beibel
Nota e teksto di Beibel ku bo a lesa.

Fecha:_____

2. Un Aspekto Nobo
Skirbi algo nobo ku bo a lesa den Beibel awé. E por ta un versíkulo ku nunka bo a yega di lesa, òf un palabra ku a kapta bo atenshon

3. E Sorpresa "WOW"
Kiko a impaktá bo mas tantu awé? Kiko a impreshoná bo mas tantu? "Berdat?" mi no tabata sa!!

4. E Atributonan di Dios

Ken Dios ta bisa ku E ta? Identifiká atributonan di Dios Su karakter.
Skirbi e kualidatnan di Dios ku E ta mustra nos den e teksto aki. Pensa riba ken Dios ta; Dios Su amor i identidat.

5. Kiko Awor?

Awor puntra bo mes "Kiko awor? Si ta asina Beibel ta bisa, kiko mi ta bai hasi diferente? Kon e Palabra ta bai moldia mi bida? Kiko tin ku kambia? Repasá bo preguntanan di 2 te 4 i skirbi kon e teksto aki por kambia bo pa krese mas serka di Kristu Hesus.

6. Orashon

Ta tempu pa hasi orashon. Pidi Dios yuda bo, skirbi un orashon.

Dios ta Bon

1. E Teksto di Beibel
Nota e teksto di Beibel ku bo a lesa.

Fecha:_____

2. Un Aspekto Nobo
Skirbi algo nobo ku bo a lesa den Beibel awé. E por ta un versíkulo ku nunka bo a yega di lesa, òf un palabra ku a kapta bo atenshon

3. E Sorpresa "WOW"
Kiko a impaktá bo mas tantu awé? Kiko a impreshoná bo mas tantu? "Berdat?" mi no tabata sa!!

4. E Atributonan di Dios

Ken Dios ta bisa ku E ta? Identifiká atributonan di Dios Su karakter.

Skirbi e kualidatnan di Dios ku E ta mustra nos den e teksto aki. Pensa riba ken Dios ta; Dios Su amor i identidat.

5. Kiko Awor?

Awor puntra bo mes "Kiko awor? Si ta asina Beibel ta bisa, kiko mi ta bai hasi diferente? Kon e Palabra ta bai moldia mi bida? Kiko tin ku kambia? Repasá bo preguntanan di 2 te 4 i skirbi kon e teksto aki por kambia bo pa krese mas serka di Kristu Hesus.

6. Orashon

Ta tempu pa hasi orashon. Pidi Dios yuda bo, skirbi un orashon.

Dios ta Soberano

Dios ta Omni
Presente

Orashon

Mira tur problema i situashonnan di bida ku un **brel Bíbliko.**

Ta Beibel so por guia nos, pa nos sa kiko ta bon i kiko ta malu.
Bisti bo _brel._

www.luisettekraal.com

1. E Teksto di Beibel
   Nota e teksto di Beibel ku bo a lesa.

Fecha:_____

2. Un Aspekto Nobo
   Skirbi algo nobo ku bo a lesa den Beibel awé. E por ta un versíkulo ku nunka bo a yega di lesa, òf un palabra ku a kapta bo atenshon

3. E Sorpresa "WOW"
   Kiko a impaktá bo mas tantu awé? Kiko a impreshoná bo mas tantu? "Berdat?" mi no tabata sa!!

4. E Atributonan di Dios

Ken Dios ta bisa ku E ta? Identifiká atributonan di Dios Su karakter.

Skirbi e kualidatnan di Dios ku E ta mustra nos den e teksto aki. Pensa riba ken Dios ta; Dios Su amor i identidat.

5. Kiko Awor?

Awor puntra bo mes "Kiko awor? Si ta asina Beibel ta bisa, kiko mi ta bai hasi diferente? Kon e Palabra ta bai moldia mi bida? Kiko tin ku kambia? Repasá bo preguntanan di 2 te 4 i skirbi kon e teksto aki por kambia bo pa krese mas serka di Kristu Hesus.

6. Orashon

Ta tempu pa hasi orashon. Pidi Dios yuda bo, skirbi un orashon.

Dios ta Todo Poderoso

1. E Teksto di Beibel
Nota e teksto di Beibel ku bo a lesa.

Fecha:_____

2. Un Aspekto Nobo
Skirbi algo nobo ku bo a lesa den Beibel awé. E por ta un versíkulo ku nunka bo a yega di lesa, òf un palabra ku a kapta bo atenshon

3. E Sorpresa "WOW"
Kiko a impaktá bo mas tantu awé? Kiko a impreshoná bo mas tantu? "Berdat?" mi no tabata sa!!

4. E Atributonan di Dios

Ken Dios ta bisa ku E ta? Identifiká atributonan di Dios Su karakter.

Skirbi e kualidatnan di Dios ku E ta mustra nos den e teksto aki. Pensa riba ken Dios ta; Dios Su amor i identidat.

5. Kiko Awor?

Awor puntra bo mes "Kiko awor? Si ta asina Beibel ta bisa, kiko mi ta bai hasi diferente? Kon e Palabra ta bai moldia mi bida? Kiko tin ku kambia? Repasá bo preguntanan di 2 te 4 i skirbi kon e teksto aki por kambia bo pa krese mas serka di Kristu Hesus.

6. Orashon

Ta tempu pa hasi orashon. Pidi Dios yuda bo, skirbi un orashon.

Dios ta sabi

1. E Teksto di Beibel
Nota e teksto di Beibel ku bo a lesa.

Fecha:_____

2. Un Aspekto Nobo
Skirbi algo nobo ku bo a lesa den Beibel awé. E por ta un versíkulo ku nunka bo a yega di lesa, òf un palabra ku a kapta bo atenshon

3. E Sorpresa "WOW"
Kiko a impaktá bo mas tantu awé? Kiko a impreshoná bo mas tantu? "Berdat?" mi no tabata sa!!

4. E Atributonan di Dios

Ken Dios ta bisa ku E ta? Identifiká atributonan di Dios Su karakter.

Skirbi e kualidatnan di Dios ku E ta mustra nos den e teksto aki. Pensa riba ken Dios ta; Dios Su amor i identidat.

5. Kiko Awor?

Awor puntra bo mes "Kiko awor? Si ta asina Beibel ta bisa, kiko mi ta bai hasi diferente? Kon e Palabra ta bai moldia mi bida? Kiko tin ku kambia? Repasá bo preguntanan di 2 te 4 i skirbi kon e teksto aki por kambia bo pa krese mas serka di Kristu Hesus.

6. Orashon

Ta tempu pa hasi orashon. Pidi Dios yuda bo, skirbi un orashon.

Dios ta Soberano

1. E Teksto di Beibel
Nota e teksto di Beibel ku bo a lesa.   Fecha:_____

2. Un Aspekto Nobo
Skirbi algo nobo ku bo a lesa den Beibel awé. E por ta un versíkulo ku nunka bo a yega di lesa, òf un palabra ku a kapta bo atenshon

3. E Sorpresa "WOW"
Kiko a impaktá bo mas tantu awé? Kiko a impreshoná bo mas tantu? "Berdat?" mi no tabata sa!!

4. E Atributonan di Dios

Ken Dios ta bisa ku E ta? Identifiká atributonan di Dios Su karakter.

Skirbi e kualidatnan di Dios ku E ta mustra nos den e teksto aki. Pensa riba ken Dios ta; Dios Su amor i identidat.

5. Kiko Awor?

Awor puntra bo mes "Kiko awor? Si ta asina Beibel ta bisa, kiko mi ta bai hasi diferente? Kon e Palabra ta bai moldia mi bida? Kiko tin ku kambia? Repasá bo preguntanan di 2 te 4 i skirbi kon e teksto aki por kambia bo pa krese mas serka di Kristu Hesus.

Dios ta Omni Presente

6. Orashon

Ta tempu pa hasi orashon. Pidi Dios yuda bo, skirbi un orashon.

1. E Teksto di Beibel
Nota e teksto di Beibel ku bo a lesa.

Fecha:_____

2. Un Aspekto Nobo
Skirbi algo nobo ku bo a lesa den Beibel awé. E por ta un versíkulo ku nunka bo a yega di lesa, òf un palabra ku a kapta bo atenshon

3. E Sorpresa "WOW"
Kiko a impaktá bo mas tantu awé? Kiko a impreshoná bo mas tantu? "Berdat?" mi no tabata sa!!

4. E Atributonan di Dios

Ken Dios ta bisa ku E ta? Identifiká atributonan di Dios Su karakter.
Skirbi e kualidatnan di Dios ku E ta mustra nos den e teksto aki. Pensa riba ken Dios ta; Dios Su amor i identidat.

5. Kiko Awor?

Awor puntra bo mes "Kiko awor? Si ta asina Beibel ta bisa, kiko mi ta bai hasi diferente? Kon e Palabra ta bai moldia mi bida? Kiko tin ku kambia? Repasá bo preguntanan di 2 te 4 i skirbi kon e teksto aki por kambia bo pa krese mas serka di Kristu Hesus.

Dios ta Miserikordioso

6. Orashon

Ta tempu pa hasi orashon. Pidi Dios yuda bo, skirbi un orashon.

1. E Teksto di Beibel
Nota e teksto di Beibel ku bo a lesa.

2. Un Aspekto Nobo
Skirbi algo nobo ku bo a lesa den Beibel awé. E por ta un versíkulo ku nunka bo a yega di lesa, òf un palabra ku a kapta bo atenshon

3. E Sorpresa "WOW"
Kiko a impaktá bo mas tantu awé? Kiko a impreshoná bo mas tantu? "Berdat?" mi no tabata sa!!

4. E Atributonan di Dios

Ken Dios ta bisa ku E ta? Identifiká atributonan di Dios Su karakter.
Skirbi e kualidatnan di Dios ku E ta mustra nos den e teksto aki. Pensa riba ken Dios ta; Dios Su amor i identidat.

5. Kiko Awor?

Awor puntra bo mes "Kiko awor? Si ta asina Beibel ta bisa, kiko mi ta bai hasi diferente? Kon e Palabra ta bai moldia mi bida? Kiko tin ku kambia? Repasá bo preguntanan di 2 te 4 i skirbi kon e teksto aki por kambia bo pa krese mas serka di Kristu Hesus.

6. Orashon

Ta tempu pa hasi orashon. Pidi Dios yuda bo, skirbi un orashon.

Dios ta Bon

1. E Teksto di Beibel   Fecha:_____

    Nota e teksto di Beibel ku bo a lesa.

2. Un Aspekto Nobo

    Skirbi algo nobo ku bo a lesa den Beibel awé. E por ta un versíkulo ku nunka bo a yega di lesa, òf un palabra ku a kapta bo atenshon

3. E Sorpresa "WOW"

    Kiko a impaktá bo mas tantu awé? Kiko a impreshoná bo mas tantu? "Berdat?" mi no tabata sa!!

4. E Atributonan di Dios

Ken Dios ta bisa ku E ta? Identifiká atributonan di Dios Su karakter.

Skirbi e kualidatnan di Dios ku E ta mustra nos den e teksto aki. Pensa riba ken Dios ta; Dios Su amor i identidat.

5. Kiko Awor?

Awor puntra bo mes "Kiko awor? Si ta asina Beibel ta bisa, kiko mi ta bai hasi diferente? Kon e Palabra ta bai moldia mi bida? Kiko tin ku kambia? Repasá bo preguntanan di 2 te 4 i skirbi kon e teksto aki por kambia bo pa krese mas serka di Kristu Hesus.

Dios ta Soberano

6. Orashon

Ta tempu pa hasi orashon. Pidi Dios yuda bo, skirbi un orashon.

Amor

Hesus a bisa su enemigunan ku E ta stima nan riba e anochi ku e tabata sa ku nan lo bai traision'é òf bandon'é. Mi ta meditá riba e tipo di amor akí, anto mi tin difikultat pa komprondé, pero mi ta gosa di dje si. Ku un persona manera Hesus ta stima mi inkondishonalmente, semper, tur ora, apesar di tur kos. Ta Dios so por.

Luisette Kraal

Dios ta Omni Presente

Orashon

Dia Internashonal

8 Mart Dia internashonal di hende Muhé
2 Aprel Dia Internashonal Di Konsientisashon pa Outismo
7 Aprel Dia Mundial di Salut
28 Aprel Dia Mundial pa seguridat i salú na trabou
15 Mei Dia Internashonal di Famia
4 Yüni Dia Internashonal di Muchanan Inosente Víktima di Agreshon
5 Yüni Dia Mundial di Medio Ambiente
12 Yüni Dia Mundial kontra Labor di Mucha
15 Yüni Dia Mundial di Konsientisashon kontra Abuso di Hende
30 Yüli Dia Internashonal di Amistat
30 Yüli Dia Mundial kontra trafikashon di Hende
10 Sèptèmber Dia Mundial di Prevenshon kontra Suisidio
21 Sèptèmber Dia Internashonal di Pas Òktober Luna di Konsientisashon kontra Kanser di Pechu
1 Òktober Dia Internashonal di Hende Grandi
2 Òktober Dia Internashonal di No-Violensia
5 Òktober Dia Internashonal di Maestro
10 Òktober Dia Mundial di salú Mental
14 Novèmber Dia Internashonal di Diabetis
21 Novèmber Dia Internashonal di Derechonan di Mucha
25 Novèmber Dia Internashonal pa Eliminashon di Violensia kontra Hende Muhé
1 Desèmber Dia Mundial di AIDS
2 Desèmber Dia Internashonal di abolishon di Sklabitut
3 Desèmber Dia Internashonal di Personanan Desabilitá
10 Desèmber Dia di Derechonan Humano

Bo tabata sa ku:

1. E Beibel kompletu ta partí den dos parti. Tèstamènt Bieu ku 39 buki i Tèstamènt Nobo ku 27 buki.
2. 40 diferente outor a skibi e Beibel.
3. E versíkulo di mas kòrtiku di Beibel ta Huan 11:35 "Hesus a yora."
4. E versíkulo di mas largu ta den e buki di Ester 8:9
5. E palabra Beibel ta bin di Latin "Biblia" i di Griego "Biblos". Tur dos ta nifiká buki.
6. E palabra Tèstamènt ta nifiká kontrato òf "covenant".
7. Beibel ta skibí den tres idioma original. Tèstamènt Bieu na Hebreo, Tèstamènt nobo na Griego. I tin algun partinan chikí skibí na Arameo.
8. A skibi E Beibel riba tres diferente kontinente. - Asia, Afrika, i Oropa.
9. Ta tuma un persona 70 ora pa lesa henter e Beibel.
10. E promé Beibel a ser tradusí na Ingles pa John Wycliffe na aña 1382 A.D.
11. Awor tin Beibel den 670 idioma rònt mundu. E Tèstamènt Nobo ta optenibel na 1,521 idioma
12. Tur aña di nobo Beibel ta e BESTSELLER mundial. Ta bende mas Beibel ku kualke otro buki.

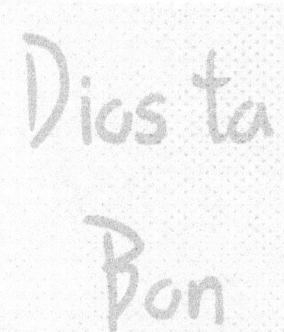

1. E Teksto di Beibel
Nota e teksto di Beibel ku bo a lesa.

2. Un Aspekto Nobo
Skirbi algo nobo ku bo a lesa den Beibel awé. E por ta un versíkulo ku nunka bo a yega di lesa, òf un palabra ku a kapta bo atenshon

3. E Sorpresa "WOW"
Kiko a impaktá bo mas tantu awé? Kiko a impreshoná bo mas tantu? "Berdat?" mi no tabata sa!!

Fecha:_____

4. E Atributonan di Dios

Ken Dios ta bisa ku E ta? Identifiká atributonan di Dios Su karakter.
Skirbi e kualidatnan di Dios ku E ta mustra nos den e teksto aki. Pensa riba ken Dios ta; Dios Su amor i identidat.

5. Kiko Awor?

Awor puntra bo mes "Kiko awor? Si ta asina Beibel ta bisa, kiko mi ta bai hasi diferente? Kon e Palabra ta bai moldia mi bida? Kiko tin ku kambia? Repasá bo preguntanan di 2 te 4 i skirbi kon e teksto aki por kambia bo pa krese mas serka di Kristu Hesus.

6. Orashon

Ta tempu pa hasi orashon. Pidi Dios yuda bo, skirbi un orashon.

Dios ta Todo Poderoso

1. E Teksto di Beibel
Nota e teksto di Beibel ku bo a lesa.

Fecha:_____

2. Un Aspekto Nobo
Skirbi algo nobo ku bo a lesa den Beibel awé. E por ta un versíkulo ku nunka bo a yega di lesa, òf un palabra ku a kapta bo atenshon

3. E Sorpresa "WOW"
Kiko a impaktá bo mas tantu awé? Kiko a impreshoná bo mas tantu? "Berdat?" mi no tabata sa!!

4. E Atributonan di Dios

Ken Dios ta bisa ku E ta? Identifiká atributonan di Dios Su karakter.
Skirbi e kualidatnan di Dios ku E ta mustra nos den e teksto aki. Pensa riba ken Dios ta; Dios Su amor i identidat.

5. Kiko Awor?

Awor puntra bo mes "Kiko awor? Si ta asina Beibel ta bisa, kiko mi ta bai hasi diferente? Kon e Palabra ta bai moldia mi bida? Kiko tin ku kambia? Repasá bo preguntanan di 2 te 4 i skirbi kon e teksto aki por kambia bo pa krese mas serka di Kristu Hesus.

6. Orashon

Ta tempu pa hasi orashon. Pidi Dios yuda bo, skirbi un orashon.

Dios ta Sabi

1. E Teksto di Beibel
Nota e teksto di Beibel ku bo a lesa.

Fecha:_____

2. Un Aspekto Nobo
Skirbi algo nobo ku bo a lesa den Beibel awé. E por ta un versíkulo ku nunka bo a yega di lesa, òf un palabra ku a kapta bo atenshon

3. E Sorpresa "WOW"
Kiko a impaktá bo mas tantu awé? Kiko a impreshoná bo mas tantu? "Berdat?" mi no tabata sa!!

4. E Atributonan di Dios

Ken Dios ta bisa ku E ta? Identifiká atributonan di Dios Su karakter.
Skirbi e kualidatnan di Dios ku E ta mustra nos den e teksto aki. Pensa riba ken Dios ta; Dios Su amor i identidat.

5. Kiko Awor?

Awor puntra bo mes "Kiko awor? Si ta asina Beibel ta bisa, kiko mi ta bai hasi diferente? Kon e Palabra ta bai moldia mi bida? Kiko tin ku kambia? Repasá bo preguntanan di 2 te 4 i skirbi kon e teksto aki por kambia bo pa krese mas serka di Kristu Hesus.

6. Orashon

Ta tempu pa hasi orashon. Pidi Dios yuda bo, skirbi un orashon.

Dios ta Soberano

1. E Teksto di Beibel
Nota e teksto di Beibel ku bo a lesa.

2. Un Aspekto Nobo
Skirbi algo nobo ku bo a lesa den Beibel awé. E por ta un versíkulo ku nunka bo a yega di lesa, òf un palabra ku a kapta bo atenshon

3. E Sorpresa "WOW"
Kiko a impaktá bo mas tantu awé? Kiko a impreshoná bo mas tantu? "Berdat?" mi no tabata sa!!

Fecha:_____

4. E Atributonan di Dios
Ken Dios ta bisa ku E ta? Identifiká atributonan di Dios Su karakter.

Skirbi e kualidatnan di Dios ku E ta mustra nos den e teksto aki. Pensa riba ken Dios ta; Dios Su amor i identidat.

5. Kiko Awor?
Awor puntra bo mes "Kiko awor? Si ta asina Beibel ta bisa, kiko mi ta bai hasi diferente? Kon e Palabra ta bai moldia mi bida? Kiko tin ku kambia? Repasá bo preguntanan di 2 te 4 i skirbi kon e teksto aki por kambia bo pa krese mas serka di Kristu Hesus.

6. Orashon
Ta tempu pa hasi orashon. Pidi Dios yuda bo, skirbi un orashon.

Dios ta Omni Presente

1. E Teksto di Beibel
Nota e teksto di Beibel ku bo a lesa.   Fecha:_____

2. Un Aspekto Nobo
Skirbi algo nobo ku bo a lesa den Beibel awé. E por ta un versíkulo ku nunka bo a yega di lesa, òf un palabra ku a kapta bo atenshon

3. E Sorpresa "WOW"
Kiko a impaktá bo mas tantu awé? Kiko a impreshoná bo mas tantu? "Berdat?" mi no tabata sa!!

4. E Atributonan di Dios

Ken Dios ta bisa ku E ta? Identifiká atributonan di Dios Su karakter.

Skirbi e kualidatnan di Dios ku E ta mustra nos den e teksto aki. Pensa riba ken Dios ta; Dios Su amor i identidat.

5. Kiko Awor?

Awor puntra bo mes "Kiko awor? Si ta asina Beibel ta bisa, kiko mi ta bai hasi diferente? Kon e Palabra ta bai moldia mi bida? Kiko tin ku kambia? Repasá bo preguntanan di 2 te 4 i skirbi kon e teksto aki por kambia bo pa krese mas serka di Kristu Hesus.

Dios ta Misericordioso

6. Orashon

Ta tempu pa hasi orashon. Pidi Dios yuda bo, skirbi un orashon.

1. E Teksto di Beibel
   Nota e teksto di Beibel ku bo a lesa.

Fecha:_____

2. Un Aspekto Nobo
   Skirbi algo nobo ku bo a lesa den Beibel awé. E por ta un versíkulo ku nunka bo a yega di lesa, òf un palabra ku a kapta bo atenshon

3. E Sorpresa "WOW"
   Kiko a impaktá bo mas tantu awé? Kiko a impreshoná bo mas tantu? "Berdat?" mi no tabata sa!!

4. E Atributonan di Dios

Ken Dios ta bisa ku E ta? Identifiká atributonan di Dios Su karakter.

Skirbi e kualidatnan di Dios ku E ta mustra nos den e teksto aki. Pensa riba ken Dios ta; Dios Su amor i identidat.

5. Kiko Awor?

Awor puntra bo mes "Kiko awor? Si ta asina Beibel ta bisa, kiko mi ta bai hasi diferente? Kon e Palabra ta bai moldia mi bida? Kiko tin ku kambia? Repasá bo preguntanan di 2 te 4 i skirbi kon e teksto aki por kambia bo pa krese mas serka di Kristu Hesus.

6. Orashon

Ta tempu pa hasi orashon. Pidi Dios yuda bo, skirbi un orashon.

1. E Teksto di Beibel
Nota e teksto di Beibel ku bo a lesa.

Fecha:_____

2. Un Aspekto Nobo
Skirbi algo nobo ku bo a lesa den Beibel awé. E por ta un versíkulo ku nunka bo a yega di lesa, òf un palabra ku a kapta bo atenshon

3. E Sorpresa "WOW"
Kiko a impaktá bo mas tantu awé? Kiko a impreshoná bo mas tantu? "Berdat?" mi no tabata sa!!

4. E Atributonan di Dios

Ken Dios ta bisa ku E ta? Identifiká atributonan di Dios Su karakter.

Skirbi e kualidatnan di Dios ku E ta mustra nos den e teksto aki. Pensa riba ken Dios ta; Dios Su amor i identidat.

5. Kiko Awor?

Awor puntra bo mes "Kiko awor? Si ta asina Beibel ta bisa, kiko mi ta bai hasi diferente? Kon e Palabra ta bai moldia mi bida? Kiko tin ku kambia? Repasá bo preguntanan di 2 te 4 i skirbi kon e teksto aki por kambia bo pa krese mas serka di Kristu Hesus.

6. Orashon

Ta tempu pa hasi orashon. Pidi Dios yuda bo, skirbi un orashon.

Dios ta Soberano

Dios ta Omni Presente

Orashon

Guia pa traha un presupuesto

Entrada
(_____)

Kategoria	Porsentahe	
Donashon mensual	10-15 %	_____
Spar	5-10 %	_____
Gastunan di kas	25-35 %	_____
Awa, lus i internèt	5-10 %	_____
Kuminda	5-15 %	_____
Transporte	10-15 %	_____
Paña i sapatu	2-7 %	_____
Salú	5-10 %	_____
Gastunan Personal	5-10 %	_____
Rekreashon, salimentu i fakansi	5-10 %	_____
Debenan	5-10 %	_____

E porsentahenan akí ta basá riba "Dave Ramsey" su rekomendashonnan.

www.luisettekraal.com

Desesperashon mester PUSHA nos pa nos tin Fe den Hesus.

-Ed Kraal-

Ken ta Hasi Orashon Pa Mi?

Huan 17: 1- 26

Un dia mi mester a bai mi yu su skol pa tuma rapòrt. Tur kos a bai nèchi i yùfrou a papia bon so di mi yu. Despues di un ratu el a puntra mi: "Kon ta ku e artíkulo ku bo ta skibiendo pa skol?" Mi a habri wowo wak e. Kon yùfrou por sa ku mi tin un proyekto grandi? El a bisa mi: "Tur dia bo yu ta hasi orashon pa bo proyekto ora nos tin tempu di orashon den klas." Mi a keda sumamente kontentu ku mi yu ta kòrda mi den orashon. Kuantu mas kontentu mi a keda ora mi a lesa Huan 17. Hesus, si Hesus mes ta hasiendo orashon pa mi i pa bo.

Hesus ta pidiendo e Tata pa nos awor aki mes. Kiko mas nos mester?

Drs. Ed Kraal
Mishonero. Saved to Serve International Ministry

1. E Teksto di Beibel
Nota e teksto di Beibel ku bo a lesa.

Fecha:_____

2. Un Aspekto Nobo
Skirbi algo nobo ku bo a lesa den Beibel awé. E por ta un versíkulo ku nunka bo a yega di lesa, òf un palabra ku a kapta bo atenshon

3. E Sorpresa "WOW"
Kiko a impaktá bo mas tantu awé? Kiko a impreshoná bo mas tantu? "Berdat?" mi no tabata sa!!

4. E Atributonan di Dios

Ken Dios ta bisa ku E ta? Identifiká atributonan di Dios Su karakter.

Skirbi e kualidatnan di Dios ku E ta mustra nos den e teksto aki. Pensa riba ken Dios ta; Dios Su amor i identidat.

5. Kiko Awor?

Awor puntra bo mes "Kiko awor? Si ta asina Beibel ta bisa, kiko mi ta bai hasi diferente? Kon e Palabra ta bai moldia mi bida? Kiko tin ku kambia? Repasá bo preguntanan di 2 te 4 i skirbi kon e teksto aki por kambia bo pa krese mas serka di Kristu Hesus.

6. Orashon

Ta tempu pa hasi orashon. Pidi Dios yuda bo, skirbi un orashon.

Dios ta Todo Poderoso

1. E Teksto di Beibel
Nota e teksto di Beibel ku bo a lesa.

2. Un Aspekto Nobo
Skirbi algo nobo ku bo a lesa den Beibel awé. E por ta un versíkulo ku nunka bo a yega di lesa, òf un palabra ku a kapta bo atenshon

3. E Sorpresa "WOW"
Kiko a impaktá bo mas tantu awé? Kiko a impreshoná bo mas tantu? "Berdat?" mi no tabata sa!!

Fecha:_____

4. E Atributonan di Dios

Ken Dios ta bisa ku E ta? Identifiká atributonan di Dios Su karakter.

Skirbi e kualidatnan di Dios ku E ta mustra nos den e teksto aki. Pensa riba ken Dios ta; Dios Su amor i identidat.

5. Kiko Awor?

Awor puntra bo mes "Kiko awor? Si ta asina Beibel ta bisa, kiko mi ta bai hasi diferente? Kon e Palabra ta bai moldia mi bida? Kiko tin ku kambia? Repasá bo preguntanan di 2 te 4 i skirbi kon e teksto aki por kambia bo pa krese mas serka di Kristu Hesus.

6. Orashon

Ta tempu pa hasi orashon. Pidi Dios yuda bo, skirbi un orashon.

Fecha:_____

1. E Teksto di Beibel
Nota e teksto di Beibel ku bo a lesa.

2. Un Aspekto Nobo
Skirbi algo nobo ku bo a lesa den Beibel awé. E por ta un versíkulo ku nunka bo a yega di lesa, òf un palabra ku a kapta bo atenshon

3. E Sorpresa "WOW"
Kiko a impaktá bo mas tantu awé? Kiko a impreshoná bo mas tantu? "Berdat?" mi no tabata sa!!

4. E Atributonan di Dios

Ken Dios ta bisa ku E ta? Identifiká atributonan di Dios Su karakter.

Skirbi e kualidatnan di Dios ku E ta mustra nos den e teksto aki. Pensa riba ken Dios ta; Dios Su amor i identidat.

5. Kiko Awor?

Awor puntra bo mes "Kiko awor? Si ta asina Beibel ta bisa, kiko mi ta bai hasi diferente? Kon e Palabra ta bai moldia mi bida? Kiko tin ku kambia? Repasá bo preguntanan di 2 te 4 i skirbi kon e teksto aki por kambia bo pa krese mas serka di Kristu Hesus.

6. Orashon

Ta tempu pa hasi orashon. Pidi Dios yuda bo, skirbi un orashon.

Dios ta Soberano

1. E Teksto di Beibel
Nota e teksto di Beibel ku bo a lesa.

Fecha:_____

2. Un Aspekto Nobo
Skirbi algo nobo ku bo a lesa den Beibel awé. E por ta un versíkulo ku nunka bo a yega di lesa, òf un palabra ku a kapta bo atenshon

3. E Sorpresa "WOW"
Kiko a impaktá bo mas tantu awé? Kiko a impreshoná bo mas tantu? "Berdat?" mi no tabata sa!!

4. E Atributonan di Dios

Ken Dios ta bisa ku E ta? Identifiká atributonan di Dios Su karakter.

Skirbi e kualidatnan di Dios ku E ta mustra nos den e teksto aki. Pensa riba ken Dios ta; Dios Su amor i identidat.

5. Kiko Awor?

Awor puntra bo mes "Kiko awor? Si ta asina Beibel ta bisa, kiko mi ta bai hasi diferente? Kon e Palabra ta bai moldia mi bida? Kiko tin ku kambia? Repasá bo preguntanan di 2 te 4 i skirbi kon e teksto aki por kambia bo pa krese mas serka di Kristu Hesus.

6. Orashon

Ta tempu pa hasi orashon. Pidi Dios yuda bo, skirbi un orashon.

Dios ta Omni Presente

1. E Teksto di Beibel
   Nota e teksto di Beibel ku bo a lesa.

Fecha:_____

2. Un Aspekto Nobo
   Skirbi algo nobo ku bo a lesa den Beibel awé. E por ta un versíkulo ku nunka bo a yega di lesa, òf un palabra ku a kapta bo atenshon

3. E Sorpresa "WOW"
   Kiko a impaktá bo mas tantu awé? Kiko a impreshoná bo mas tantu? "Berdat?" mi no tabata sa!!

4. E Atributonan di Dios

Ken Dios ta bisa ku E ta? Identifiká atributonan di Dios Su karakter.

Skirbi e kualidatnan di Dios ku E ta mustra nos den e teksto aki. Pensa riba ken Dios ta; Dios Su amor i identidat.

5. Kiko Awor?

Awor puntra bo mes "Kiko awor? Si ta asina Beibel ta bisa, kiko mi ta bai hasi diferente? Kon e Palabra ta bai moldia mi bida? Kiko tin ku kambia? Repasá bo preguntanan di 2 te 4 i skirbi kon e teksto aki por kambia bo pa krese mas serka di Kristu Hesus.

Dios ta Misericordioso

6. Orashon

Ta tempu pa hasi orashon. Pidi Dios yuda bo, skirbi un orashon.

1. E Teksto di Beibel
Nota e teksto di Beibel ku bo a lesa.

Fecha:_____

2. Un Aspekto Nobo
Skirbi algo nobo ku bo a lesa den Beibel awé. E por ta un versíkulo ku nunka bo a yega di lesa, òf un palabra ku a kapta bo atenshon

3. E Sorpresa "WOW"
Kiko a impaktá bo mas tantu awé? Kiko a impreshoná bo mas tantu? "Berdat?" mi no tabata sa!!

4. E Atributonan di Dios

Ken Dios ta bisa ku E ta? Identifiká atributonan di Dios Su karakter.
Skirbi e kualidatnan di Dios ku E ta mustra nos den e teksto aki. Pensa riba ken Dios ta; Dios Su amor i identidat.

5. Kiko Awor?

Awor puntra bo mes "Kiko awor? Si ta asina Beibel ta bisa, kiko mi ta bai hasi diferente? Kon e Palabra ta bai moldia mi bida? Kiko tin ku kambia? Repasá bo preguntanan di 2 te 4 i skirbi kon e teksto aki por kambia bo pa krese mas serka di Kristu Hesus.

6. Orashon

Ta tempu pa hasi orashon. Pidi Dios yuda bo, skirbi un orashon.

Dios ta Bon

1. E Teksto di Beibel
Nota e teksto di Beibel ku bo a lesa.

Fecha:_____

2. Un Aspekto Nobo
Skirbi algo nobo ku bo a lesa den Beibel awé. E por ta un versíkulo ku nunka bo a yega di lesa, òf un palabra ku a kapta bo atenshon

3. E Sorpresa "WOW"
Kiko a impaktá bo mas tantu awé? Kiko a impreshoná bo mas tantu? "Berdat?" mi no tabata sa!!

4. E Atributonan di Dios

Ken Dios ta bisa ku E ta? Identifiká atributonan di Dios Su karakter.

Skirbi e kualidatnan di Dios ku E ta mustra nos den e teksto aki. Pensa riba ken Dios ta; Dios Su amor i identidat.

5. Kiko Awor?

Awor puntra bo mes "Kiko awor? Si ta asina Beibel ta bisa, kiko mi ta bai hasi diferente? Kon e Palabra ta bai moldia mi bida? Kiko tin ku kambia? Repasá bo preguntanan di 2 te 4 i skirbi kon e teksto aki por kambia bo pa krese mas serka di Kristu Hesus.

6. Orashon

Ta tempu pa hasi orashon. Pidi Dios yuda bo, skirbi un orashon.

Dios ta Soberano

Dios ta Omni Presente

Orashon

Hesus Ta hasi Orashon

Hesus ta hasi orashon pidiendo Dios protekshon i santifikashon pa e kreyentenan. Hesus ta pidi pa rumannan por ta uní. E unidat akí ta den Dios so nos por hañ'é. Ora nos fiha nos bista riba Dios i ora nos para riba e promesanan di Dios. Hesus ta siña nos fiha riba Dios i sea umilde. Pablo ta bisa e iglesia na Efesio pa nan ta uní den e Spiritu. (Efesionan 4: 3) Laga e Spiritu di Dios uni nos. Laga nos pone nos karni bou di nos pia. Laga nos brasa e bèrdat di Kristu Hesus tene duru. Ku pasenshi, gentilesa i umildat soportá otro den amor. Asina nos ta kai bou di Dios su protekshon.

Drs. Ed Kraal
Presidente Saved to Serve International Miministry. (SSIM)

1. E Teksto di Beibel
   Nota e teksto di Beibel ku bo a lesa.

Fecha:_____

2. Un Aspekto Nobo
   Skirbi algo nobo ku bo a lesa den Beibel awé. E por ta un versíkulo ku nunka bo a yega di lesa, òf un palabra ku a kapta bo atenshon

3. E Sorpresa "WOW"
   Kiko a impaktá bo mas tantu awé? Kiko a impreshoná bo mas tantu? "Berdat?" mi no tabata sa!!

4. E Atributonan di Dios
Ken Dios ta bisa ku E ta? Identifiká atributonan di Dios Su karakter.
Skirbi e kualidatnan di Dios ku E ta mustra nos den e teksto aki. Pensa riba ken Dios ta; Dios Su amor i identidat.

5. Kiko Awor?
Awor puntra bo mes "Kiko awor? Si ta asina Beibel ta bisa, kiko mi ta bai hasi diferente? Kon e Palabra ta bai moldia mi bida? Kiko tin ku kambia? Repasá bo preguntanan di 2 te 4 i skirbi kon e teksto aki por kambia bo pa krese mas serka di Kristu Hesus.

6. Orashon
Ta tempu pa hasi orashon. Pidi Dios yuda bo, skirbi un orashon.

Dios ta Todo Poderoso

1. E Teksto di Beibel
Nota e teksto di Beibel ku bo a lesa.

Fecha:_____

2. Un Aspekto Nobo
Skirbi algo nobo ku bo a lesa den Beibel awé. E por ta un versíkulo ku nunka bo a yega di lesa, òf un palabra ku a kapta bo atenshon

3. E Sorpresa "WOW"
Kiko a impaktá bo mas tantu awé? Kiko a impreshoná bo mas tantu? "Berdat?" mi no tabata sa!!

4. E Atributonan di Dios

Ken Dios ta bisa ku E ta? Identifiká atributonan di Dios Su karakter.
Skirbi e kualidatnan di Dios ku E ta mustra nos den e teksto aki. Pensa riba ken Dios ta; Dios Su amor i identidat.

5. Kiko Awor?

Awor puntra bo mes "Kiko awor? Si ta asina Beibel ta bisa, kiko mi ta bai hasi diferente? Kon e Palabra ta bai moldia mi bida? Kiko tin ku kambia? Repasá bo preguntanan di 2 te 4 i skirbi kon e teksto aki por kambia bo pa krese mas serka di Kristu Hesus.

6. Orashon

Ta tempu pa hasi orashon. Pidi Dios yuda bo, skirbi un orashon.

Dios ta Sabi

1. E Teksto di Beibel
Nota e teksto di Beibel ku bo a lesa.

2. Un Aspekto Nobo
Skirbi algo nobo ku bo a lesa den Beibel awé. E por ta un versíkulo ku nunka bo a yega di lesa, òf un palabra ku a kapta bo atenshon

3. E Sorpresa "WOW"
Kiko a impaktá bo mas tantu awé? Kiko a impreshoná bo mas tantu? "Berdat?" mi no tabata sa!!

Fecha:_____

4. E Atributonan di Dios
Ken Dios ta bisa ku E ta? Identifiká atributonan di Dios Su karakter.
Skirbi e kualidatnan di Dios ku E ta mustra nos den e teksto aki. Pensa riba ken Dios ta; Dios Su amor i identidat.

5. Kiko Awor?
Awor puntra bo mes "Kiko awor? Si ta asina Beibel ta bisa, kiko mi ta bai hasi diferente? Kon e Palabra ta bai moldia mi bida? Kiko tin ku kambia? Repasá bo preguntanan di 2 te 4 i skirbi kon e teksto aki por kambia bo pa krese mas serka di Kristu Hesus.

6. Orashon
Ta tempu pa hasi orashon. Pidi Dios yuda bo, skirbi un orashon.

Dios ta Soberano

1. E Teksto di Beibel
Nota e teksto di Beibel ku bo a lesa.

Fecha:_____

2. Un Aspekto Nobo
Skirbi algo nobo ku bo a lesa den Beibel awé. E por ta un versíkulo ku nunka bo a yega di lesa, òf un palabra ku a kapta bo atenshon

3. E Sorpresa "WOW"
Kiko a impaktá bo mas tantu awé? Kiko a impreshoná bo mas tantu? "Berdat?" mi no tabata sa!!

4. E Atributonan di Dios

Ken Dios ta bisa ku E ta? Identifiká atributonan di Dios Su karakter.
Skirbi e kualidatnan di Dios ku E ta mustra nos den e teksto aki. Pensa riba ken Dios ta; Dios Su amor i identidat.

5. Kiko Awor?

Awor puntra bo mes "Kiko awor? Si ta asina Beibel ta bisa, kiko mi ta bai hasi diferente? Kon e Palabra ta bai moldia mi bida? Kiko tin ku kambia? Repasá bo preguntanan di 2 te 4 i skirbi kon e teksto aki por kambia bo pa krese mas serka di Kristu Hesus.

6. Orashon

Ta tempu pa hasi orashon. Pidi Dios yuda bo, skirbi un orashon.

Dios ta Omni Presente

1. E Teksto di Beibel
Nota e teksto di Beibel ku bo a lesa.

Fecha:_____

2. Un Aspekto Nobo
Skirbi algo nobo ku bo a lesa den Beibel awé. E por ta un versíkulo ku nunka bo a yega di lesa, òf un palabra ku a kapta bo atenshon

3. E Sorpresa "WOW"
Kiko a impaktá bo mas tantu awé? Kiko a impreshoná bo mas tantu? "Berdat?" mi no tabata sa!!

4. E Atributonan di Dios

Ken Dios ta bisa ku E ta? Identifiká atributonan di Dios Su karakter.
Skirbi e kualidatnan di Dios ku E ta mustra nos den e teksto aki. Pensa riba ken Dios ta; Dios Su amor i identidat.

5. Kiko Awor?

Awor puntra bo mes "Kiko awor? Si ta asina Beibel ta bisa, kiko mi ta bai hasi diferente? Kon e Palabra ta bai moldia mi bida? Kiko tin ku kambia? Repasá bo preguntanan di 2 te 4 i skirbi kon e teksto aki por kambia bo pa krese mas serka di Kristu Hesus.

Dios ta Misenkordioso

6. Orashon

Ta tempu pa hasi orashon. Pidi Dios yuda bo, skirbi un orashon.

1. E Teksto di Beibel
Nota e teksto di Beibel ku bo a lesa.

2. Un Aspekto Nobo
Skirbi algo nobo ku bo a lesa den Beibel awé. E por ta un versíkulo ku nunka bo a yega di lesa, òf un palabra ku a kapta bo atenshon

3. E Sorpresa "WOW"
Kiko a impaktá bo mas tantu awé? Kiko a impreshoná bo mas tantu? "Berdat?" mi no tabata sa!!

Fecha:_____

4. E Atributonan di Dios

Ken Dios ta bisa ku E ta? Identifiká atributonan di Dios Su karakter.

Skirbi e kualidatnan di Dios ku E ta mustra nos den e teksto aki. Pensa riba ken Dios ta; Dios Su amor i identidat.

5. Kiko Awor?

Awor puntra bo mes "Kiko awor? Si ta asina Beibel ta bisa, kiko mi ta bai hasi diferente? Kon e Palabra ta bai moldia mi bida? Kiko tin ku kambia? Repasá bo preguntanan di 2 te 4 i skirbi kon e teksto aki por kambia bo pa krese mas serka di Kristu Hesus.

6. Orashon

Ta tempu pa hasi orashon. Pidi Dios yuda bo, skirbi un orashon.

Dios ta Bon

1. E Teksto di Beibel
Nota e teksto di Beibel ku bo a lesa.

Fecha:_____

2. Un Aspekto Nobo
Skirbi algo nobo ku bo a lesa den Beibel awé. E por ta un versíkulo ku nunka bo a yega di lesa, òf un palabra ku a kapta bo atenshon

3. E Sorpresa "WOW"
Kiko a impaktá bo mas tantu awé? Kiko a impreshoná bo mas tantu? "Berdat?" mi no tabata sa!!

4. E Atributonan di Dios

Ken Dios ta bisa ku E ta? Identifiká atributonan di Dios Su karakter.

Skirbi e kualidatnan di Dios ku E ta mustra nos den e teksto aki. Pensa riba ken Dios ta; Dios Su amor i identidat.

5. Kiko Awor?

Awor puntra bo mes "Kiko awor? Si ta asina Beibel ta bisa, kiko mi ta bai hasi diferente? Kon e Palabra ta bai moldia mi bida? Kiko tin ku kambia? Repasá bo preguntanan di 2 te 4 i skirbi kon e teksto aki por kambia bo pa krese mas serka di Kristu Hesus.

6. Orashon

Ta tempu pa hasi orashon. Pidi Dios yuda bo, skirbi un orashon.

Dios ta Omni Presente

Orashon

MI POR *enfrentá* TUR KOS PA MEDIO DI *Esun* KU TA DUNA MI *forsa*

FILIPENSENAN 4:13

ED, LUISETTE I JO-HANNA KRAAL

1. E Teksto di Beibel
Nota e teksto di Beibel ku bo a lesa.

Fecha:_____

2. Un Aspekto Nobo
Skirbi algo nobo ku bo a lesa den Beibel awé. E por ta un versíkulo ku nunka bo a yega di lesa, òf un palabra ku a kapta bo atenshon

3. E Sorpresa "WOW"
Kiko a impaktá bo mas tantu awé? Kiko a impreshoná bo mas tantu? "Berdat?" mi no tabata sa!!

4. E Atributonan di Dios

Ken Dios ta bisa ku E ta? Identifiká atributonan di Dios Su karakter.

Skirbi e kualidatnan di Dios ku E ta mustra nos den e teksto aki. Pensa riba ken Dios ta; Dios Su amor i identidat.

5. Kiko Awor?

Awor puntra bo mes "Kiko awor? Si ta asina Beibel ta bisa, kiko mi ta bai hasi diferente? Kon e Palabra ta bai moldia mi bida? Kiko tin ku kambia? Repasá bo preguntanan di 2 te 4 i skirbi kon e teksto aki por kambia bo pa krese mas serka di Kristu Hesus.

6. Orashon

Ta tempu pa hasi orashon. Pidi Dios yuda bo, skirbi un orashon.

Dios ta Todo Poderoso

1. E Teksto di Beibel
Nota e teksto di Beibel ku bo a lesa.

2. Un Aspekto Nobo
Skirbi algo nobo ku bo a lesa den Beibel awé. E por ta un versíkulo ku nunka bo a yega di lesa, òf un palabra ku a kapta bo atenshon

3. E Sorpresa "WOW"
Kiko a impaktá bo mas tantu awé? Kiko a impreshoná bo mas tantu? "Berdat?" mi no tabata sa!!

Fecha:_____

4. E Atributonan di Dios

Ken Dios ta bisa ku E ta? Identifiká atributonan di Dios Su karakter.

Skirbi e kualidatnan di Dios ku E ta mustra nos den e teksto aki. Pensa riba ken Dios ta; Dios Su amor i identidat.

5. Kiko Awor?

Awor puntra bo mes "Kiko awor? Si ta asina Beibel ta bisa, kiko mi ta bai hasi diferente? Kon e Palabra ta bai moldia mi bida? Kiko tin ku kambia? Repasá bo preguntanan di 2 te 4 i skirbi kon e teksto aki por kambia bo pa krese mas serka di Kristu Hesus.

6. Orashon

Ta tempu pa hasi orashon. Pidi Dios yuda bo, skirbi un orashon.

1. E Teksto di Beibel
Nota e teksto di Beibel ku bo a lesa.

Fecha:_____

2. Un Aspekto Nobo
Skirbi algo nobo ku bo a lesa den Beibel awé. E por ta un versíkulo ku nunka bo a yega di lesa, òf un palabra ku a kapta bo atenshon

3. E Sorpresa "WOW"
Kiko a impaktá bo mas tantu awé? Kiko a impreshoná bo mas tantu? "Berdat?" mi no tabata sa!!

4. E Atributonan di Dios

Ken Dios ta bisa ku E ta? Identifiká atributonan di Dios Su karakter.

Skirbi e kualidatnan di Dios ku E ta mustra nos den e teksto aki. Pensa riba ken Dios ta; Dios Su amor i identidat.

5. Kiko Awor?

Awor puntra bo mes "Kiko awor? Si ta asina Beibel ta bisa, kiko mi ta bai hasi diferente? Kon e Palabra ta bai moldia mi bida? Kiko tin ku kambia? Repasá bo preguntanan di 2 te 4 i skirbi kon e teksto aki por kambia bo pa krese mas serka di Kristu Hesus.

6. Orashon

Ta tempu pa hasi orashon. Pidi Dios yuda bo, skirbi un orashon.

1. E Teksto di Beibel
Nota e teksto di Beibel ku bo a lesa.

Fecha:_____

2. Un Aspekto Nobo
Skirbi algo nobo ku bo a lesa den Beibel awé. E por ta un versíkulo ku nunka bo a yega di lesa, òf un palabra ku a kapta bo atenshon

3. E Sorpresa "WOW"
Kiko a impaktá bo mas tantu awé? Kiko a impreshoná bo mas tantu? "Berdat?" mi no tabata sa!!

4. E Atributonan di Dios

Ken Dios ta bisa ku E ta? Identifiká atributonan di Dios Su karakter.

Skirbi e kualidatnan di Dios ku E ta mustra nos den e teksto aki. Pensa riba ken Dios ta; Dios Su amor i identidat.

5. Kiko Awor?

Awor puntra bo mes "Kiko awor? Si ta asina Beibel ta bisa, kiko mi ta bai hasi diferente? Kon e Palabra ta bai moldia mi bida? Kiko tin ku kambia? Repasá bo preguntanan di 2 te 4 i skirbi kon e teksto aki por kambia bo pa krese mas serka di Kristu Hesus.

Dios ta Omni Presente

6. Orashon

Ta tempu pa hasi orashon. Pidi Dios yuda bo, skirbi un orashon.

1. E Teksto di Beibel
Nota e teksto di Beibel ku bo a lesa.

Fecha:_____

2. Un Aspekto Nobo
Skirbi algo nobo ku bo a lesa den Beibel awé. E por ta un versíkulo ku nunka bo a yega di lesa, òf un palabra ku a kapta bo atenshon

3. E Sorpresa "WOW"
Kiko a impaktá bo mas tantu awé? Kiko a impreshoná bo mas tantu? "Berdat?" mi no tabata sa!!

4. E Atributonan di Dios

Ken Dios ta bisa ku E ta? Identifiká atributonan di Dios Su karakter.

Skirbi e kualidatnan di Dios ku E ta mustra nos den e teksto aki. Pensa riba ken Dios ta; Dios Su amor i identidat.

5. Kiko Awor?

Awor puntra bo mes "Kiko awor? Si ta asina Beibel ta bisa, kiko mi ta bai hasi diferente? Kon e Palabra ta bai moldia mi bida? Kiko tin ku kambia? Repasá bo preguntanan di 2 te 4 i skirbi kon e teksto aki por kambia bo pa krese mas serka di Kristu Hesus.

Dios ta Miserikordioso

6. Orashon

Ta tempu pa hasi orashon. Pidi Dios yuda bo, skirbi un orashon.

1. E Teksto di Beibel
Nota e teksto di Beibel ku bo a lesa.

2. Un Aspekto Nobo
Skirbi algo nobo ku bo a lesa den Beibel awé. E por ta un versíkulo ku nunka bo a yega di lesa, òf un palabra ku a kapta bo atenshon

3. E Sorpresa "WOW"
Kiko a impaktá bo mas tantu awé? Kiko a impreshoná bo mas tantu? "Berdat?" mi no tabata sa!!

Fecha:_____

4. E Atributonan di Dios

Ken Dios ta bisa ku E ta? Identifiká atributonan di Dios Su karakter.

Skirbi e kualidatnan di Dios ku E ta mustra nos den e teksto aki. Pensa riba ken Dios ta; Dios Su amor i identidat.

5. Kiko Awor?

Awor puntra bo mes "Kiko awor? Si ta asina Beibel ta bisa, kiko mi ta bai hasi diferente? Kon e Palabra ta bai moldia mi bida? Kiko tin ku kambia? Repasá bo preguntanan di 2 te 4 i skirbi kon e teksto aki por kambia bo pa krese mas serka di Kristu Hesus.

6. Orashon

Ta tempu pa hasi orashon. Pidi Dios yuda bo, skirbi un orashon.

Dios ta Bon

1. E Teksto di Beibel   Fecha:_____

    Nota e teksto di Beibel ku bo a lesa.

2. Un Aspekto Nobo

    Skirbi algo nobo ku bo a lesa den Beibel awé. E por ta un versíkulo ku nunka bo a yega di lesa, òf un palabra ku a kapta bo atenshon

3. E Sorpresa "WOW"

    Kiko a impaktá bo mas tantu awé? Kiko a impreshoná bo mas tantu? "Berdat?" mi no tabata sa!!

4. E Atributonan di Dios

Ken Dios ta bisa ku E ta? Identifiká atributonan di Dios Su karakter.

Skirbi e kualidatnan di Dios ku E ta mustra nos den e teksto aki. Pensa riba ken Dios ta; Dios Su amor i identidat.

5. Kiko Awor?

Awor puntra bo mes "Kiko awor? Si ta asina Beibel ta bisa, kiko mi ta bai hasi diferente? Kon e Palabra ta bai moldia mi bida? Kiko tin ku kambia? Repasá bo preguntanan di 2 te 4 i skirbi kon e teksto aki por kambia bo pa krese mas serka di Kristu Hesus.

6. Orashon

Ta tempu pa hasi orashon. Pidi Dios yuda bo, skirbi un orashon.

Dios ta Soberano

Dios ta Omni Presente

Orashon

www.ingramcontent.com/pod-product-compliance
Lightning Source LLC
Chambersburg PA
CBHW060419010526
44118CB00017B/2279